ネット・セーフティー

スマホ・ネットトラブルから子どもを守る対応法

ニッキー・ジャイアント 著

金綱 知征 監修

森 由美子 訳

E-SAFETY FOR THE
i-generation

Nikki Giant
Kanetsuna Tomoyuki
Mori Yumiko

クリエイツかもがわ
CREATES KAMOGAWA

Copyright ©️ Nikki Giant 2013
First published in the UK in 2013 as E-Safety for the i-Generation
by Jessica Kingsley Publishers Ltd
73 Collier Street, London, N1 9BE, UK
www.jkp.com
All rights reserved
Printed in Great Britain

はじめに
Introduction

　ほんの数年前までは、私たちの学校は「ネット・セーフティー」という言葉によったく縁がなかった。教員たちは、ネット・セーフティーに関する授業を行うことなど想像もしていなかった。保護者も、子どもがデジタル通信機器を使うことに心配などしていなかった。子どもも若者も、インターネットや携帯電話が自分たちにとって不可欠な存在になることを夢にも見ていなかった。

　20世紀の科学技術の急速な発展は、それまでに前例がなく、私たちは毎日の生活の中で当たり前のように携帯電話やインターネットといった最新技術と共存してきたので、それが存在しなかったのはいつのことだったのか思い出せないほどである。携帯電話なしでどうやっていたのか、Eメールなしでどうやって仕事を行っていたのか、祭日に撮った写真を現像するのにどうやって1週間も待っていたのか、今や不思議に思うほどである。

　この大規模な変化が私たちの生きている間に起きた。技術革新が私たちの生活を否応なしに変えた。デジタル時代の前後を知っている大人世代の多くは、これらの技術革新によって可能になったものに対し感謝の念を抱くと同時に、こうした最新技術がいつも信頼できるわけではないという警告もおそらく自覚している。しかし、すでにデジタル時代に生まれてきた今の若い人たちにとっては、それが普通であり、当然のことなのである。

　今の子ども世代は、情報通信技術（ICT）のない世の中を経験していない。いわゆる「デジタル世代」（Prensky, 2001）は、携帯電話やインターネットといった最新技術を通して、若者同士のコミュニケーション、おつきあい、人脈づくりをしながら、多種多様の方法でICTを使う権利や能力を、多くの大人をはるかに上まわる形で、発揮している。

　権利には責任が伴うが、学校でもインターネットや通信技術を使う時間をもったり、時には進んで取り入れたりするものの、これらの権利に付随して起きる責任について強調することをおろそかにしてしまうことも多い。もし、これらの便利な道具の使い方をきちんと子どもたちに教えたら、ICTというものは乱用、不正使用される可能性があるという問題提議をかなり簡単にできるが、何もせずただ自由に子どもたちに使わせてしまったら、いったい誰が安全に使うことを教えるのだろう？

　アメリカのカイザー基金は2010年に、8歳から18歳までの子どもがテレビ、ゲーム機、コンピューターを含む電子機器を1日に使う長さは7時間以上であるという報告を出している。これは、メッセージを送ったり電話で話したりする1時間半を含んでいない。学校での時間、睡眠時間を除くと、起きている時間のほとんどを何らかの電子機器を使って過ごしている。これらの機器を使い過ぎることによって生じるいじめの可能性、不適切な内容へのアクセス、危ない行動、一般的な健康上や社交上の危険

が増すのは当然のことだ。

　ネット・セーフティーを若い人たちに教えるにあたって、ICTに関する指導を行いながら電子機器やインターネットにふれさせるのが必須であることは明確である。子どもの安全を守りたいというレベルのものではなく、「現実の世界」の目に見える明白な危険を超えて、子どもたちの心身の安全や安定を気に留めることが何よりも重要なのだ。

●この本の用い方

　本書は、教育者たちが保護者や生徒たちと協力しながら、学校や自宅で生徒がICT機器の正しい使い方を理解し、不正使用の危険性を軽減し、安全に適切に使う責任を促すことができるようにと願って書かれた。

　ネット・セーフティーは、多くの学校にとって、比較的新しい考え方である。本書は、特に子どもや若者がどのように最新のICTを使えばよいのか、また不適切な使い方によってどのような影響が出るのかについて、学校環境の中でICTを使いながら理解を深めていけるような形に編集してある。

　本書では、新しい通信技術によって若い人たちが得られる恩恵とそれによってさらされるリスクを検討し、学校が取るべき適切な対応についても定義した。適切な対応には、学校の授業に限らず、学校全体であらゆる形のICT機器を前向きに適切に使うことを定着させるための、ネット・セーフティーに関する規則の設定、教職員と児童・生徒のための行動規範、ネット・セーフティーに対する学校全体の包括的な取り組みなどが考えられる。

　授業で用いる活動やワークシートは、ネット・セーフティーの4つのテーマにそって取り上げている。

1）デジタル世代のコミュニケーション
2）安全でいるために
3）ネチケット（ネット上のエチケット）
4）ネットいじめ

　ここで紹介する各活動は、Personal Social Health Education（英国で実施されている学校のための国レベルのカリキュラムシステム）やICTカリキュラム（英国における情報通信技術に関する国レベルのカリキュラム）で用いられており、また上記の4つのテーマは、ICTの使用にあたって独自の枠組みやルールづくりをする上で活用できる。

本書のすすめ
監訳者解説

●はじめに

　近年のLTEをはじめとする高速通信網の発達と、スマートフォン（以下スマホ）や携帯電話などの高機能電子通信機器（ICT機器）の急速な発展と普及は、私たちに多くの、そしてまったく新しい体験をもたらした。インターネット（以下ネット）の世界では、誰もが年齢や立場、肩書きなどに関係なく、世界中の人々と自由にコミュニケーションをとることができるようになり、学校の図書室や街の書店にあるよりも多くの、さまざまな種類の情報を手軽に手のひらの中に持ち歩き、いつでも、どこでも、簡単にそれらの情報にアクセスし、必要な情報を瞬時に得ることができるようになった。時に自分自身が情報の発信者となって自らの体験、意見、価値観、感想などを自由に発信し、また時に同じ趣味・関心をもつ遠くの"友人たち"とそれらの情報を共有し、一緒に楽しむことができるようにもなった。今や私たちは、生活の多くの場面がそれなしでは成り立たないほどに、ネットや携帯・スマホによる利便性を享受している。

　ところがその一方で、ネットによって多くの新たなリスクと向き合わざるを得なくなったことも否定できない。ネット上で得られる情報は常に正しく品行方正とは限らない。デマや悪質なウワサ、過度に暴力的あるいは性的な情報など、特に子どもたちにとっては有害な情報も少なくない。最悪のケースでは、自らがそうしたデマやウワサの対象とされてしまうことさえある。さらに悪いことに、それら有害な情報は、多くの場合、有益な情報と区別なく氾濫しているため、私たちは自身がアクセスしようとしている情報の適切さや、真偽について常に判断を迫られるのである。もし、そのような判断がまだ難しい子どもたちが、ネットの世界を自由に動きまわっているとすれば、それは彼らが無自覚にさまざまなリスクと常に隣り合わせとなっていることを意味しているといえよう。

●日本の子どもの実態とリスク

　平成25年度青少年のインターネット利用環境実態調査（内閣府，2014）によると、小学生の30.3%（13.6%）、中学生の48.8%（47.4%）、高校生の96.4%（96.7%）が、自分専用の携帯電話を所持しているという（カッコ内は内スマホの割合）。同調査は彼らのインターネット利用状況についても同様に調査しており、小学生の44.3%、中学生の82.1%、高校生の96.7%がスマホや携帯電話からネットにアクセスしているという。自宅のパソコンからのネットへの接続にいたっては、いずれの年代においても9割以上の子どもが利用しているという実態が明らかとされた。この数字は、もはや子どもたちにとっても大人同様に、あるいはそれ以上にスマホや携帯電話がなくてはならない生活必需品であり、ネットが生活の一部であることを示しているといえよう。彼らは大人以上に巧みに携帯電話やネットを利用しているが、その反面、自身がネッ

トを利用する中で直面している多くのリスクに対しては、あまりにも無自覚かつ無防備であることも少なくない。

　例えば、近年問題となっているネットいじめも子どもたちにとって身近なネットリスクの一つである。最近、青森県八戸市の県立高校2年の女子生徒（9月27日付産経ニュース）、熊本県熊本市の県立高校1年の女子生徒（10月22日付毎日新聞）、同市の市立中学3年の男子生徒（10月30日付朝日新聞デジタル）と、中高生の学校でのいじめを苦にした自殺（中3男子は未遂）事件が相次いで報じられた。彼らはいずれも無料通信アプリ「LINE」上で、同級生から悪口や嫌がらせの書き込みを受けていたという。

　LINEは仲間同士で気軽にコミュニケーションがとれる便利なツールであるが、その気軽さゆえに、個々人の発言までもが慎重さを欠き、時に相手を深く傷つけることになってしまうこともある。ところが書き込みをした当の本人は、「相手を傷つける意図はまったくなかった」「相手がそれほど傷ついていたとは気がつかなかった」と自身の行為に対して、あまりにも無自覚であることも少なくないのである。

　ネット上でのコミュニケーション場面では、相手の声のトーンや話すスピード、表情や身振り手振りなど相手を理解するために通常用いられる非言語的手がかりがほとんど介在しないため、自身の感情の発信や、相手の感情の読み取りといった感情の相互交換が難しいと言われている。そうした難しさを補う目的で、顔文字や絵文字、LINEのスタンプなどの感情を伝え合うツールが利用されるわけだが、そうしたツールでさえ時として相手を欺くためのツールとして利用される。

　LINEはお互いに知っている者同士でコミュニケーションを取るためのツールという理解が一般的であろうが、実際にはネット上で知り合った者同士が、お互いのIDを交換することでLINEでのコミュニケーションを始めることも可能である。既知の相手同士によるいじめの延長線上で行われるネットいじめも大きな問題であるが、未知の相手とのネットによるコミュニケーションには、さらに大きなリスクが伴うと言わざるを得ない。

●ネットの特性とネットいじめ問題

　小野・斉藤（2008）はネット空間の特徴として匿名性、傍観者性、アクセシビリティの3点を挙げている。ネット上の掲示板、ブログ、SNSなど、利用者が相互に情報を発信したり閲覧したりするソーシャルメディアの利用は10代〜30代の若者を中心に年々増加しており（総務省，2012）、そこでは実名を秘匿したコミュニケーションが主流であるといわれている。匿名であるがゆえに、自身の内面のみならず性別や年齢など外的側面までも偽装提示することが可能である。

　ネットを匿名で利用すること自体の是非については賛否の分かれるところであるが、例えば、自身が名乗っているネット掲示板上のニックネームを別の誰かが意図

的に名乗って不適切な発言をしたり、自身の名前で身に覚えのないブログやSNSサイトが勝手に立ち上げられたり、あるいはまったく知らない他人が同級生の振りをして自分に近づこうとするなどのいわゆる「なりすまし行為」（折田，2009）のように、匿名性を悪用する者がいるという事実は認識しておかなければならない。またネットいじめの加害者は、自身が匿名であると思うことで道徳不活性を起こし（大西・戸田、近刊）、安易に誹謗中傷の書込みを行ってしまうなど、匿名性が無自覚な加害行為の促進要因となってしまうとの指摘もある（文部科学省，2008）。

　警察庁（2012）の発表によると、ネット上において何らかの違法行為を行ったために検挙された者のうち実に74%がネットの匿名性を前提に犯行に及んだことを示唆していたという。この匿名性は加害者だけでなく、傍観者にも少なからず影響を及ぼす。どこまでも境界なく広がるネット世界では、従来型のいじめのように「学校」という枠はなく、誰かが被害に遭っているのを見て見ぬ振りをしても誰からも責められることはない。そのため、罪悪感が生まれにくく、仲裁者としての責任や自覚も生まれにくい。むしろ大西・戸田が指摘するように、バレないと思うことでモラルのタガが外れ、より積極的に加害行為に加担し、被害をエスカレートさせてしまうことすらある。いわゆる炎上という状態である。こうしたネットの怖さは、体験的に学ぶというわけにはいかないため、子どもたちに一定の時間をかけて教育していくことが必要になるのである。

　文部科学省による平成25年度児童生徒の問題行動等生徒指導上の諸問題に関する調査の結果を見ると、いじめ認知件数全体（小学校：10,231件、中学校6,999件、高等学校：2,554件）の内、ネットいじめの占める割合は、小学校で1.4%、中学校で8.8%、高等学校でも19.7%（文部科学省，2014）と、従来型のいじめのそれと比べると非常に少ない。この結果は、先に挙げた子どもたちの携帯電話所持率やネット利用率と併せて考えたとき、ともするとそれほど深刻な状態ではないのではとも思える数値である。

　欧州の著名ないじめ研究者であるD. Olweusは「マスコミ等で報道されているネットいじめの実態は、正当な根拠なく過度に誇張されたものであり、実際にはそれほど多い現象ではない」と主張している（Olweus, 2012）。一方、Olweusと同様にいじめ研究で著名な英国のP. K. Smithは、従来型のいじめと比べてネットいじめの被害実態は少ないというOlweusの主張に対して一定の同意を示しながらも、ネットいじめについて、例えば仮にネット上での悪質な書き込みなどの加害行為は一度きりだったとしても、それが長期にわたって繰り返し多くの人間の目に晒されることで被害が繰り返されることから、単純に被害・加害報告の数だけでその深刻さを把握することはできないなど、従来型のいじめとは根本的に異なる特徴があるとし、ネットいじめ被害を過小評価すべきではないと反論している（Smith, 2012）。

　従来型のいじめと比べて、ネットいじめの割合が少ないとはいっても年々その割合

は増えている。また自分専用のスマホや携帯電話、パソコンを所持する児童はますます低年齢化する一方、彼らがネット上で何を見聞し、何を発言し、誰とコミュニケーションを取っているのかなど、子どもたちのネット利用状況を大人が詳細に把握することが困難であることを踏まえると、今後ネットいじめにとどまらず、個人情報流出、課金トラブル、出会い系・アダルトサイト系トラブル、携帯・スマホ依存、ネット依存、ゲーム依存など、ネットに関わるあらゆる被害が増加・深刻化してくことが懸念される。被害がこれ以上深刻化する前に早急な対応が求められているといえよう。

●今後の課題

　こうした中、平成23年度に全面実施された新学習指導要領では、「教育の情報化」が一つの柱に位置づけられ、その中に「教科へのICT活用」、「情報教育」、「校務の情報化」の3領域が盛り込まれた。それを受けて総務省（2010）は2010年度よりフューチャースクール事業を開始し、タブレット端末を指定校の全児童に配布して学校全体で教育活動に用いる試みを開始している。また文部科学省（2011a）は「教育の情報化」に関する内容を解説し補強するために2010年に「教育の情報化に関する手引」を公開、さらに翌2011年には「教育の情報化ビジョン～21世紀にふさわしい学びと学校の創造を目指して～」（文部科学省, 2011b）を発表している。

　ところが、石原（2012）によると、「教育の情報化」に盛り込まれた3領域の中でも特に情報活用能力の育成を目標にしている「情報教育」に関しては、他の2領域と比べて依然として学校間で格差が生じているという。石原（2012）は「情報教育」のみが取り残されてしまった理由の一つとして、小学校には情報活用能力を育成するまとまった時間が確保されていないことを挙げている。高校では共通教科「情報」、中学校では「技術・家庭科」の中に情報活用能力を育成するための専門の時間が確保されているのに対して、小学校では情報活用能力を育成するまとまった時間がなく、学習活動が各教科や領域の中にすべて埋め込まれているという。このため、小学校では情報活用能力の育成が断片的になりがちで、体系的・系統的な指導につながらないのだという。

　しかしながら先に紹介した「教育の情報化ビジョン」では、情報教育が立ち後れることなく体系的・系統的に指導されるようにするためのいくつかの提案がなされており、その一つに「教育課程上まとまった時間の確保を検討することや、基礎的教材としてのデジタル版「情報活用ノート（仮称）」等を開発することも考えられる」と記載されている。このことは次期学習指導要領を見据えて、「教育課程上まとまった時間の確保」が情報教育にも求められ、その実現に向けて動き出さなければならないという趣旨が読み取れよう（石原, 2012）。

　本書は、著者の言葉を借りれば、「教育者たちが保護者や生徒たちと協力しながら、学校や自宅で生徒がデジタル通信機器の正しい使い方を理解し、不正使用の危険性

を軽減し、安全に適切に使う責任を仰すことができるようにと願って書かれた」まさに情報教育のためのテキストである。

　スマホや携帯電話、あるいはネットという新しい技術によって子どもたちが得られる恩恵と、さらされるリスクとを認識し、学校が、教師や保護者を中心とした大人が、そして子どもたち自身がそうしたリスクにどう対応していくべきなのかが明確に解説されている。ネット被害は、ネットにアクセスしなければそのリスクは大幅に減らすことができようが、それだけでは自身の知らないところで自身に関わる情報が真偽を問わず勝手に掲載されてしまうなどのリスクは拭い去れない。

　スマホや携帯電話、あるいはネットを取り巻く状況はまさに日進月歩であり、通信機器や通信のためのソフトウェアの進歩によって、最新の対策もあっという間に時代遅れになってしまう。そのため、そうした状況の変化があっても陳腐化しない問題把握や支援の枠組みを構築し、支援のあり方も更新していくことが重要である（戸田・青山・金綱、2013）。本書にはそのための手がかりが随所に示されている。子どもとかかわるすべての大人が本書を手にしてくれることを期待したい。

2014年12月

甲子園大学　心理学部　准教授　金綱知征

【参考・引用文献】
● 内閣府. (2014) 平成25年度青少年のインターネット利用環境実態調査. < http://www8.cao.go.jp/youth/youth-harm/chousa/h25/net-jittai/pdf-index.html > (2014年11月20日11時05分)
● 毎日新聞. 2014年10月22日22時48分. 高1自殺：LINEでいじめか　学校「継続調査」熊本. < http://mainichi.jp/select/news/20141023k0000m040099000c.html> (2014年11月20日11時18分).
● 産経ニュース. 2014年9月27日　21時32分. LINEに「うざい」と中傷記述か　青森・八戸の県立高校女子生徒死亡. < http://www.sankei.com/affairs/news/140927/afr1409270047-n1.html > (2014年11月20日11時09分)
● 朝日新聞デジタル. 2014年10月30日　13時58分　LINE「ざまあみろ」いじめ認定　熊本自殺未遂報告書. < http://www.asahi.com/articles/ASGBZ424JGBZTLVB00B.html > (2014年11月20日11時33分)
● 小野　淳・斎藤富由起. (2008).「サイバー型いじめ」(Cyber Bullying) の理解と対応に関する教育心理学的展望. 千里金蘭大学紀要、5, 35-47.
● 総務省. (2012).平成24年版情報通信白書. 2部4章3節. <http://www.soumu.go.jp/johotsusintokei/whitepaper/ja/h24/pdf/n4030000.pdf> (2014年11月20日11時46分).
● 折田明子. (2009).ソーシャルメディアにおけるなりすまし問題に関する考察. 情報処理学会研究報告. 109 (74) 21-26.
● 大西彩子・戸田有一. (近刊).いじめと認知のゆがみ. 吉澤寛之・大西彩子・ジニ, G.・吉田俊和（編）、ゆがんだ認知が生み出す反社会的行動：その予防と改善の可能性. 京都：北大路書房. in 戸田有一・青山郁子・金綱知征 (2013)、ネットいじめ研究と対策の国際的動向と展望, 〈教育と社会〉研究, 第23号, 29-39
● 文部科学省. (2008).「ネット上のいじめ」に関する対応マニュアル・事例集（学校・教員向け）. <http://www.mext.go.jp/b_menu/houdou/20/11/08111701/001.pdf> (2014年11月20日11時52分).
● 警察庁. (2012).平成24年上半期におけるインターネット・ホットラインセンターからの通報による違法情報の検挙状況等について. <http://www.npa.go.jp/cyber/statics/h24/pdf03-2.pdf> (2014年11月20日11時53分).
● 文部科学省. 2014).平成25年度児童生徒の問題行動等生徒指導上の諸問題に関する調査. < http://www.mext.go.jp/b_menu/houdou/26/10/__icsFiles/afieldfile/2014/10/16/1351936_01_1.pdf > (2014年11月20日12時12分).
● Olweus, D. (2012). Cyberbullying: An overratedphenomenon? European Journal of Developmental Psychology、9、520-538. DOI:10.1080/17405629.2012.682358.
● Smith,P. K. (2012). Cyberbullying: Challenges and opportunities for a research program: A response to Olweus. European Journal of Developmental Psychology, iFirst article. DOI: 10.1080/17405629.2012.689821.
● 総務省. (2010).フューチャースクール推進事業の概要. < http://www.soumu.go.jp/main_content/000161791.pdf > (2014年11月20日11時20分).
● 文部科学省. (2011a).教育の情報化に関する手引. 開隆堂出版. 東京.
● 文部科学省. (2011b).教育の情報化ビジョン〜21世紀にふさわしい学びと学校の創造を目指して〜. <http://www.mext.go.jp/b_menu/houdou/23/04/__icsFiles/afieldfile/2011/04/28/1305484_01_1.pdf> (2014年11月20日12時30分).
● 石原一彦. (2011).「情報活用ノート」の試作と実践. 日本教育工学会第27回全国大会論文集、339-340.
● 戸田有一・青山郁子・金綱知征. (2013).ネットいじめ研究と対策の国際的動向と展望.〈教育と社会〉研究第23号,29-39.

CONTENTS

Part.3　ネット・セーフティ　ワークシート　129

Part.4　ネット・セーフティー指針づくりの手本　　149

デジタル世代のためのネット・セーフティー

Net-Safety?

ネット・セーフティー
とは？

　多くの大人は、電子機器に対する知識が子どもよりも少なく、インターネットの使い方においても、子どもや若者と大人とでは明らかに違いが見られる。アメリカのピュー研究所の報告によると、ティーンエージャー（13歳〜19歳）の4分の3が携帯電話を持っており、12歳の子どもにおいては2004年の時点で18%だった携帯電話所有率は58%にまで増えた。さらに、インターネットを使う割合は、大人全体で74%であるのに対し、12歳から19歳までの若者は93%であることが報告されている（ピュー研究所、2010年）。

　国際的な消費者研究を専門とするインターズペリエンスが行った調査（2012年）では、イギリスのスマートフォン（スマホ）の利用者総数約3200万人のうち65%の人が、携帯電話なしではどうしたらよいのかわからないと答えている。また、2011年のオフコムによるICTに関する調査では、スマホ利用者の81%が、自分の電話をいつも、ベッドに入っている時ですら、オンの状態にしており、ティーンエージャーの40%がスマホで目を覚ました後、すぐにスマホを使うという事実が明らかになっている。

　ICTがより当たり前になるにつれ、あらゆる年代の人たちが使うようになっている。多くの人がスマホを所有し、フェイスブック、ツイッターといったソーシャル・ネットワーキング・サービス（SNS）のウェブサイトを利用するようになった。かつては管理職の人たちの道具として遍在していたデジタル通信機器やサイトにアクセスできる「スマートな（賢い）」機器は、今や一部の人ではなく、多くの人のためのものとなった。

　しかし、大人のICTの使用が増えている一方で、若者の使い方とは大きな違いが見られる。50歳以上の大人は、ノートパソコンやウェブにアクセス可能な機器よりもデスクトップ・コンピューターをより多く使い、ウェブ上より紙面のニュースをより好む傾向があり、そういう人たちのSNS利用は4分の1にとどまっている

(AARP, 2010)。

　ネット・セーフティーに対する学校の対応を調査、確立する中で、教職員や保護者の問題への意識が限られている点を認識することが重要である。学校教職員の中には、SNSのサイトを見たことも使ったこともなく、せいぜい初歩的にコンピューターを使うにとどまっている人も少なくないだろう。ネット・セーフティーに対する学校全体の取り組みを行うには、学習課程の中で生徒や保護者にネット　セーフティーを教える理由を教職員が認識しているかどうかを確かめながら、全教職員が同様に理解できるよう、一般的な研修や情報共有の場を設けることから始めなければならない。

[訳注] 2013年度に内閣府が10-17歳の青少年を対象に行ったインターネット利用環境実態調査では、スマートフォン（スマホ）を含む携帯電話の所有率は前年度より4.7ポイント増の59.5%という結果が出た。そのうち、スマホをもつ割合は56.8%で、前年度より20.8%増加した。スマホや携帯電話を使って1日に2時間以上インターネットを利用している割合は39.8%で、平均時間は107分であることが報告されている（2014年、内閣府）。
http://www8.cao.go.jp/youth/youth-harm/chousa/h25/net-jittai/pdf/kekka.pdf

📶 ネット・セーフティーとは何か？

> 　ネット・セーフティーとは、ICTを安全に、責任をもって使うことを意味し、それには情報を所有し、共有し、受信するためのICTを駆使したコンピューター、インターネット、スマホや携帯電話などの機器が含まれる。

　ICT機器を使う時、どのようにしたら使う人の心身に害を及ぼさないかといった「安全に関するきまり」を気にかけるのが普通である。これはほとんど常識であり、心配な、また危険な度合いにまで無意識にICTを不正使用したり乱用したりする技術は通常制限されている。

　私たちがインターネットやICTについて考慮する時、安全に関するきまりは存在しない、またはまったくといってよいほど知られていない。インターネットに対する危険や危機意識は極端に乏しいといえる。インターネットは何十億という人たちの巨大ネットワークで、快適なオフィスやひじかけ椅子から仮想の世界につながり、接近することができる。私たちが五感を使って経験する現実の世界、つまり慣れた

オフィスやリビングルームで安全に過ごすことと、指先の作業ひとつでつながる仮想世界の概念的な「現実」とは、はっきりした違いがある。目の前でほぼ全世界に接近でき、そこでの即座の経験に身を委ね、そして、存在はするものの、実際に見たり感じたりすることのできない潜在的な事象を「無視する」、ということを正しく理解するのは大変難しい。

インターネットや関連技術が象徴するものを概念化することは難しく、それに対してより用心深くなったり不審の念を抱いたりすることがある。特に私たち大人は、これらの技術が存在しなかった時のことを思い起こすことができるので、直感や少なくとも常識に頼って自分を導くことができるであろう。常識、個人の責任感、またおそらく善悪を判断する道徳観念も、通常は成熟度によって決まってくる。一般的にこれらの資質は年齢と関連し、子どもや若者が周りの大人と同等の成熟度、責任感、道徳観念をもっているとは考えにくい。

未熟で、観察力が十分ではなく、この先に起こるかもしれない危険を理屈づけたり概念化したりする頭脳がまだ備わっていない子どもに、危ないことが起きる可能性もあると私たち自身も認識しているインターネットにふれさせていることを考えた時、私たちの周りのいたるところでネット・セーフティーの意識が欠けていることに当然のことながら気づく。周到な準備をし、インターネットを使って子どもに近づこうとする性犯罪者たちの例がメディアで取り沙汰されるようすは恐ろしいが、このようなことが実際に起こることは稀である。ICT機器を使った危険な行動で、有害の事例に結びつく可能性のあるものは、まだそれほど多くは認識されていない。

今や多くの子どもや若者が自分の携帯電話を持ち、インターネットにもアクセスできる状態を考えると、そのことを否定したり、携帯電話やインターネットなどが存在しないかのように見なしたりす

ることは、時すでに遅しであり、また非生産的である。実際の世界と「仮想の」世界の両方で子どもたちの安全を守るために、ICTの恩恵だけでなく、その危険性、それに伴う責任について、家や学校で明確にすべき時がきた。

📶 用語を理解する

　未熟な利用者にとって、ICTの進歩についていくのは大変である。ずらっと並べられた電子機器の商品名、インターネットのサイト、用語、俗語、頭文字でつくられたことばが次から次に出てくるため、多くの大人は置き去りにされたような気持ちになる。

　これから紹介する内容は、子どもや若者が日常使うインターネットの側面についてまとめたもので、例えばSNSのサイトで自分のプロフィールを作成するなど、直接試してみることでその仕組みについて知ることをお勧めする。そうすることで、どのようにそれが機能するのか、なぜ若い人たちはそれを使うのか、そして考えられる危険を明らかにすることができる。

📶 SNSのサイトの数々

■■ 人気のサイト：フェイスブック、ツイッター、ミクシィ

　SNSのサイトは、たいてい無料で、ごく簡単にアクセスすることができる。利用者はそのサイトで登録をし、プロフィールを作成し、そのサイトを見ている人たちと共有ができる。それには、サイトのテーマにもよるが、名前、出身地、学歴や職歴、好きなもの（こと）や嫌いなもの（こと）、写真などの情報を含む。その後、その利用者は、「友だち」（他の利用者）を自分のページに追加する。友だちとは、例えば、自己紹介文をお互いに読んだり、そのサイトを通じて会話をしたり、いろいろな情報や写真を共有したりする。

　全体的にSNSは、もっともよく使われているフェイスブックやツイッター、ラインとともに急増した。それ以外のサイト、仕事のネットワークを広げるためのLinkedIn（リンクトイン）や画像を共有したい人たちのためのInstagram（インスタグラム）などは、利用者たちが特定のテーマや目的をもって関わりを築いている。

インスタント・メッセージ（IM）

■■人気のサイト：グーグル・ハングアウト、
　　ヤフー・メッセンジャー、フェイスブック・メッセンジャー、ライン

　インスタント・メッセージ（IM）とは、コンピューターや携帯電話のインターネット機能を使って、誰かと簡単に関わって会話をすることのできる手段である。利用者はEメールアドレスで登録をし、他の人のEメールアドレスを連絡者の中に加えることから始めるのが一般的である。もしその人たちもそのIMのサービスに加入していたら、連絡したい人を選び、メッセージを打つことによって、その場ですぐに会話を始めることができる。もし相手がそのサービスに接続していたら、こちらからのメッセージは即座に相手のコンピューターに表示される。

　IM利用者の使っている機器にもよるが、ウェブカム（ビデオ機能）を使って会話をすることも可能である。フェイスブック、スカイプといった、多くのSNSのサイトや機器の環境には、このような便利なサービスを取り入れている。2011年には、スカイプがマイクロソフトによって買収された。

無料で手軽に人と会話をすることができる。特に、国際電話など、高い電話代を安くしたい人には便利である。利用者は、個別の会話をする（会話をする相手によって別々の会話ボックスの画面を表示する）ための番号をもつことも可能で、IMを通して写真や文書も簡単に共有できる。

SNSのサイトと同様、自分のIMの連絡先にできるだけたくさんの人を入れようとする傾向があるため、知らない人や親しくない人に自分へのアクセスを可能にしてしまい、場合によってはカメラまでも使って、「内密」な会話をしてしまう恐れがある。IMは、Chap.5で詳しくふれるネットいじめの手段として使われることも多い。

📶 オンライン・チャットルーム

■■ 人気のサイト：ヤフー・チャット

名前の通り、オンライン・チャットルームは、利用者が専用のウェブサイトを通してインターネット上で公的に、または私的に人と会話ができる機能である。

IMと同様、どのチャットルームも、利用者が登録をし、自分のペンネームを決め、それがそのチャットルーム上に表示される。利用者は、その後、そのチャットルームに参加しているすべての人が見ることのできる公の場での会話に参加したり、招待をされた人だけが開くことのできる別の会話の場を選ぶことで、個人的な会話を始めたりすることができる。

多くのチャットルームやチャットサイトは、音楽などの特定の関心事を中心に設けられており、特に子どもや若者を対象にしたものが多数存在する。

| 長所 | 通常、無料で使いやすく、利用者が同時に会話をすることができる。音楽のジャンルなどの特定の話題に興味をもつ人にとって、チャットルームは同じような関心をもつ人との会話をするのに優れた方法となり得る。子どもや若者にもっとも人気のあるチャットルームには、不適切な使い方がなされていないかをしっかり監督する機能がついている。 |

| 短所 | 多くのサイトは、フィルターをかけたり監督をしたりしていないため、チャットルームによっては、利用者が不適切な会話に巻き込まれる可能性が高い。なれなれしくしゃべりかけられたり、すぐに秘密をもらされたりすることもあるので、子どもや若者が手なずけられることも考えられる。 |

　　会話をしている相手が実際に誰なのかを知る手立てがなく、見たり言われたりしたことを鵜呑みにしてしまう若い人たちは、提示されている写真や情報にだまされる可能性がある。若い人たちがオンラインで知り合った人と実際に会おうとする場合、たいてい単独で行うという危険な傾向にあることが調査でも示されている。

インターネット機能を有したゲーム機

■■人気のゲーム：プレイステーション、Xbox、ニンテンドーDS

　　プレイステーションやXboxといったゲーム機は、特に男の子の間で非常に人気があるが、女の子の間でも人気が上がっている。一般的には、個々のゲームを購入し、テレビに接続されたゲーム機に挿入して遊ぶ。ICT機器の発達に伴い、ゲーム機がインターネットに接続できるようになり、それによって、世界中の誰とでも対戦することが可能になっている。ヘッドフォンをつけて、対戦しながら対戦相手と話すこともできる。

ショート・メッセージ

　イギリスで携帯電話を所有している人の約91％が（Ofcom, 2011）、1年間に平均して439ポンド（約76,000円）のお金を携帯電話に対して使っている（Billmonitor, 2011）。アメリカでは大人の85％が携帯電話を持っていて、そのうちの72％が携帯電話を使ってショート・メッセージを送るという調査結果が出ている（Pew Research Center, 2011）。

　ショート・メッセージは、ミニEメールのようなもので、携帯電話から携帯電話に簡単にメッセージを送ることができる。ラインなどのソフトを利用していない人同士でも相手の電話番号さえわかればメッセージのやりとりが可能である。電話通信よりも一般的に安価なコミュニケーションの方法である。今やほとんどの携帯電話にカメラ機能がついているので、写真つきのメッセージも、安い料金で、簡単に携帯電話から携帯電話に送ることができる。

［訳注］総務省が出した2012年版情報通信白書によると、月々にかかる通信サービスの平均額は、携帯電話で4,448円、スマホで9,488円である（2012年、総務省）。
http://www.soumu.go.jp/johotsusintokei/whitepaper/ja/h24/html/nc122310.html

安価で簡単で何百万という人から利用されており、テキストや写真を送ってちょっとしたコミュニケーションが図れ、写真や画像を共有できるという意味では、大変便利である。

 脅しやいやがらせのメッセージを送ることによって、テキスト・メッセージが、ネットいじめの道具として使われる可能性がある。品位を落とすような、または個人的な画像が誰かに転送され、携帯電話から携帯電話へと渡っていく。またそのような画像がインターネット上に公開されてしまうこともある。このようにして、画像がいったん転送されてしまったら、取り返すことは不可能で、永遠にどこかに流れていく可能性すらある。

📶 ブログ（Blog）とヴログ（Vlog）

　ブログはオンラインの日記で、ヴログはオンラインのビデオ日記と言える。ブログをもっている人（ブロガー）は、インターネット上の特定のブログのページ、またはSNSのサイトに行って、定期的に情報を掲載する。しかし、ブログもヴログもインターネットに接続さえできれば、誰からでも見られる可能性がある。歌手やバンドといった有名な人たちの多くは、ブログやヴログをもっており、そこでファンとつながったり、販売促進の道具として使ったりしている。

 情報をオープンにすることで、自分を売り込んだり、自分の生活に関する情報を共有したりするのには便利である。

 ブログやヴログをもつ若い人たちの多くは、自分の生活の私的、または内密な情報を掲載することで起こり得る影響に気づいていないことがある。ブログもヴログも、嫌悪感をかき立てたり、人の面目を失わせたり、また危険で不適切な見解をあおる道具にもなりかねない。

🛜 なぜネット・セーフティーが重要なのか？

　近年、私たちの学校では、ICTの重要性がますます注目されるようになり、授業にも積極的に取り入れられるようになってきた。ほとんどの生徒は、以前のようにタイプの仕方、計算表の作り方、簡単なプログラミングの使い方を学んで卒業していくのではなく、ICTを使うにあたって十分熟練したレベルで入学してくる。

　このデジタル世代においては、若い人たちが将来どのような分野で仕事をするのか、この先どのような教育を受けるのかということとは関係なく、インターネットや関連機器を使うための理解力や能力がきわめて重要であることは明らかなのだ。今やICTは、別個の授業としてではなく、全体的なカリキュラムや学校生活を通して連続して取り扱うべきものとなってきた。たとえば図工や美術の授業でアニメに関する課題を行う、理科の課題でレポートを書く、英語の発表資料を作るなど、学校中でICTが取り入れられている。

　しかし、いくら学校でこうした通信技術やインターネットの使い方を実践的、教育的に教えたとしても、若い人たちが学校外で個人的に使うことに対しては、完全に把握することはできない。以前に比べてより多くの若者が、フェイスブックなどのSNSサイトに自身のプロフィールを載せ、そこで出会った他者と関わり、ネットワークを築き、友人・知人と情報や画像を共有している。インターネット利用の完

全に新しい波が現れ、ただ書かれている内容を閲覧する段階から、それを作る段階へと変化している。このような移行状況を「ウェブ1.0」から「ウェブ2.0」という言葉で表すが、これはインターネットがより個人的、対話式のものへと移り変わっていることを意味する。ウェブサイト自体が、意見の表明、より深く関わるための考えやコメントの追加、そして会員になることを促しながら、それを見ている利用者からの関わりを促している。

ユーチューブなどの動画共有サイトでは、ビデオを見たり投稿したりすることを通じて、一般の人がウェブ上の情報提供者になることができ、世界中の聴衆と共有することも可能である。現代の若者は、そのようなものを見るだけでなく、明らかにつくることもできる。子どもや若者が、今や新しいインターネットを積極的に利用している。

Ofcom（2010）が5歳から15歳までの子どもや若者を対象にメディア知識に関する研究を行い、次のような結果を報告している。

- イギリスの12〜15歳のほんの1%だけが、自宅にインターネット接続の環境をもっていない。
- 5〜7歳の約半数（49%）、8〜11歳の3分の2（67%）、12〜15歳の4分の3（77%）は、自分の寝室にテレビをもっている。
- 保護者の85%が、自分の子どもはインターネットを安全に使うと信じている。
- 2〜15歳の子どもをもつ保護者のわずか34%が、子どもが見ているインターネットの内容を何となく心配している。

[訳注] 2013年度に内閣府が10〜17歳の青少年を対象に行った実態調査によると、フィルタリングなどの利用率は、携帯電話が66.7%、スマホが47.5%で、子どものネット接続機器の使い方について家庭でルールを決めているかどうかに対する回答は、子どもが57.4%、保護者が67.0%で、親子間で認識の違いが見られた（2014年、内閣府）。
http://www8.cao.go.jp/youth/youth-harm/chousa/h25/net-jittai/pdf/kekka.pdf

📶 インターネットの身体的、社会的、心理的影響

■■コミュニケーション能力への影響

多くの保護者や教育者がネット・セーフティーの背景にある論理的根拠を理解し

ている一方で、なぜ子どもや若者がインターネットを故意に不正使用し、あえて危険な状況にいるのかを理解することは難しい。ネットいじめに対する研究によると、ネットいじめの加害者は、いわゆる典型的な学校でのいじめの加害者にはなっておらず、どうかすると学校でのいじめの被害者になっていることすらある、ということだ。匿名で使うことのできるインターネットを利用して、「実際の世界」では言えないようなことを言う傾向が高まっているのであろう（Smith et al., 2008）。

　書かれたことばを通してだけのコミュニケーションは、若者がインターネットを不正使用したり乱用したりする理由について、さらなる手がかりを示す。対面状況でコミュニケーションを図る場合、何を言おうとしているのかを確実に聞き手に伝えるのに不可欠な情報となる非言語の表現が数多く存在する。対面状況で行うコミュニケーションでは、こうした非言語的表現によって伝えることのできる感情の動きを、ネット上での書きことばだけによるコミュニケーションの中で読み取ることはかなり難しい。インターネットを使っていじめる人は、自分たちの行動による影響を理解する能力に欠け、人に対してやっていることや言っていることの効果を視覚的に読み取ることができないため、被害者の気持ちに寄り添うことも少ない。

　対面状況で行うコミュニケーションややりとりによって得られるソーシャル・スキルは、インターネットを介したコミュニケーションからはほとんど習得できない。子どものテキスト・メッセージを読解しようとしたことのある保護者や教師たちは、子どもたちがインターネットの世界ではまったく違う言語を使うことをすでに知っ

ているであろう！ インターネットを介したやりとりにおいては、子どもの大事な
ソーシャル・スキル、つまり、話すタイミングや聞くタイミング、社交的な合図や
ボディー・ランゲージ、顔の表情に対する応じ方、また声のトーンや抑揚を理解す
る力は育たない。これでは実際の世界で、子どもたちは、友だちから孤立したり、
誰か知らない人から提供された危ない情報や信用できない人を見極める力の欠如に
よって、危険な状況にさらされたりしてしまう。

■■ 心への影響

　カーネギー・メロン大学による研究では、インターネットの利用は、少しではあ
るものの統計的には有意な値で、みじめさや孤独感を増すこと、そして全般的な心
の安定を減少させることが報告されている（DeAngelis, 2000）。ホームネット・プロ
ジェクトと呼ばれる研究では、アメリカのピッツバーグに住むインターネットを始
めて1〜2年という人たち169人を対象に調査を行った。そして、インターネット
を長い時間使っている人ほど友だちとのつきあいが少ないことを報告している。ま
た、家族と話をする時間の少ない人ほど、日々のストレスが多く、孤独や憂鬱な気
持ちを抱いていることも示された。この調査に参加した人は、人とのコミュニケー
ションを図ることがインターネットを使うもっとも重要な理由であると答えている
にもかかわらず、このような結果が出ているのである。

■■ 発達・健康への影響

　著名な神経科学者、バロネス・グリーンフィールドは、注意力の低下とコンピュー
ターの普及とが関係しているとみており、コンピューターによる知覚刺激があまり
に多いという状況は、子どもの発達を妨げる可能性があると警告している。2008
年にBBCラジオ4で行われたインタビューで、グリーンフィールドは、子どものリ
タリン（注意欠陥障害の治療によく使われる薬）の服用と、子どもがコンピューター
やテレビ、電話、ゲーム機の前で過ごす時間の長さが、いずれも3倍もの勢いで増
えている関係に注目した（BBC, 2008）。

　まだ年端もいかない2歳の子どものインターネットや関連サービスを使う時間
の増加は、オンライン使用に伴って起こる心理的障害の出現との関連から、心理
学者たちの間で議論が起きている。インターネット中毒障害などの名前をつけて
（Goldberg, 1996）、インターネットを異常に使う人たちの間に見られる中毒的な行
動のパターンの増加を示す研究もある（Greenfield, 1999; Young,1998）。インター

ネットの過度の利用は、ギャンブル依存症（Abbott, 1995）、摂食障害（Copeland, 1995）、アルコール中毒（Cooper, 1995）などの個人的、家族的、職業的な問題を引き起こすことがあるという研究もある。

　インターネットやその他の機能の長時間の使用は、子どもの身体にも影響を及ぼすと研究者は証言する。肥満、集中力低下、筋肉痛の原因になると指摘する研究もある（Barkin et al., 2006）。カリフォルニア大学の研究者、ロバート・カーブスが、インターネットは、中毒的に使うようになる、学校の勉強がおろそかになる、家族との関わりが薄れるなど、時間の管理に関してよくない影響を及ぼすという結論を示している（2008）。

■ ■ 将来への影響

　子どもが成長するにつれ、別の心配も出てくる。大学入試や就職活動の場では、適性を見る手がかりをつかむ目的や、受験生、就職希望者に関する情報を集める目的でグーグルなどのサーチ・エンジンを使ったり、SNSのサイトを探したりすると言われている。SNSのサイトでプライバシーの設定をきちんとしていない若者は、写真、人との関係、近況を含む自身の生活をあからさまに公開している。飲み会、みだらな言動や人をいじめる言葉などによって、将来への扉が音を立てて閉まることにもなりかねない。

政府の見解

　ネット・セーフティーの取り組みや促進の重要性が政府レベルで認識されることが増え、地方自治体や学校自体にもその考えが行きわたってきている。イギリスのベクタという、情報、コミュニケーション・ICT機器の利用を促進する政府の団体は2010年に解散したが、教育省と経済産業省の改革技術部門が、福祉団体や地方や国の団体の支援を受けながら、ベクタの重要な職務を引き継ぐことを約束した。

　アメリカでは、ネット・セーフティーやネットいじめに取り組むために、若者や保護者、教育者を支援する政府や非営利のさまざまな団体が存在する。Federal Communications Commission, GetNetWise, Internet Keep Safe Coalition, National Cyber Security Alliance, Wired Safetyなどがそれにあたる。

[訳注] 文部科学省では、2005年度より「情報モラル等指導サポート事業」を実施し、インターネット
や携帯電話などの普及が急速に進んでいく中で、児童・生徒が安全に情報を活用できるよう、教
職員向けのガイドブックをはじめ、さまざまな取り組みを行っている。また、2007年より、関
係者の連携を促進し、効果的な取り組みを推進するために、「ネット安全安心全国推進フォーラ
ム」を開催している。2014年には、国民全体で子どもの情報モラルを考えるキャンペーン「子
どものための情報モラル育成プロジェクト」を開始した（文部科学省）。
http://www.mext.go.jp/b_menu/shingi/chousa/shotou/039/shiryo/06101209/003.pdf
http://www.mext.go.jp/a_menu/seisyounen/keitai/netanzen/1331311.htm
http://www.mext.go.jp/b_menu/houdou/26/08/1351575.htm

　各学校は、不適切な内容から生徒の安全を守るために、ウェブ上の内容にフィル
ターをかけるソフトウェアを取り入れるべきである。ウェブ上の安全を守るテクノ
ロジー関係の会社、スムースウォールによって出された白書には、「ベクタによっ
て設定されたウェブのフィルター機能の基準は、他に取り入れる基準が存在しない
がゆえ、教育現場で生徒や教職員の安全なインターネットへのアクセスのための、
技術上最低限の出発点だとみなされるべきだ」と記されている（2011, p.1）。

　ベクタは、Internet Watch Foundation List（Becta, 2012）によって特定された
違法な内容を100％ブロックするための製品やサービスを含む、フィルター機能の
製品やサービスのための認可の基準を設定した。ソフトウェアは、次の各項目にお
ける不適切なインターネットの内容を最低でも90％ブロックする能力を備えてい
る。

フィルターをかけるべき内容

- 「アダルト系」：露骨に卑猥な画像、映像、テキストを含む内容、実際の、ま
たは現実味のある性行為に関する描写
- 暴力：明らかに暴力的な画像や映像、テキスト
- 人種嫌悪の内容：宗教、人種、性別などに関して、個人や団体に向けた暴力的、
攻撃的な内容
- 不法な薬物使用やその促進：不法な薬物の使用、促進、または処方薬の乱用
に関する内容
- 犯罪能力・行為：犯罪などの行為を促進する内容
- 賭博：賭博のウェブサイト利用に関する内容、賭博の促進、助言に関する情報

Part.1
デジタル世代のためのネット・セーフティー

ネット・セーフティー
の中核をなすもの

　インターネットを利用するにあたっては、子どもにも大人にも次のような危険が潜んでいる。

- 身体的危険
- 性的虐待
- いじめ、いやがらせ
- 個人情報盗取
- 違法行為
- 不適切、または望まない情報の暴露
- 情報通信技術（ICT）に対する固執、中毒性
- 著作権侵害
- ウイルスや無差別メール

　これらのリスクは、ウェブサイトやオンラインでのサービス、特にＥメール、オンラインのチャット・ルーム、SNSのサイト、インスタント・メッセージ、オンラインのゲームサイトにアクセスした場合、またスマホや携帯電話やICT機器、ゲーム機などを利用した場合にも起きる。

　これらのリスクを取り除くことで、次の3つの肯定的なものを手に入れることができる。

1）安全な情報、2）安全な連絡手段、3）安全な商業的サービス

安全な情報

　安全な情報とは、画像や内容が暴力的、わいせつ、または過度に性的、忌々しい、嫌悪感をかきたてる、虐待的といった年齢不相応で違法で不適切な資料・情報にアクセスすること、またそれらを目にすることから、利用者、特に子どもや若者を確実に守るということを意味する。学校やその他の機関（児童センター、図書館など）では、こうした不適切な情報へのアクセスを阻止するためのソフトウェアを使って不適切な内容へのアクセスを制限し、いかなる危険をも防ぐために注意深く監視している。

　しかし、自宅や子ども自身が所有するコンピューターでは通常このようなことが行われず、通信機器（インターネットへのアクセスができるタブレット機器やスマホ・携帯電話）によっては、そのような制限をかけることはまったくできない。だからこそ、子どもが安全な内容にアクセスすることを確実にする努力を行う中で、監視やフィルタリングのソフトウェアを使うだけでなく、危険に対する管理や危険の回避を自分で行うためのノウハウを教育することも重要である。

　安全な情報へのアクセスとは、利用者や機器を危険な状況から守ることも意味する。ウイルス、無差別メール、アドウェア（画面上に強制的な広告を表示させる代わりに、無料でソフトウェアを提供する方法）、スパイウェア（コンピューターな

どに侵入し、利用者の個人情報を外部に送信しようとするプログラム）などは、コンピューターや利用者のアカウント（Eメールのアカウント）に危害を及ぼす可能性があるほか、不適切、または違法な利益のために、保護されるべき個人情報に赤の他人がアクセスすることを許してしまう可能性すらある。

　安全で適切な内容へのアクセスを子どもに教えるというのは、ただ若い人たちが不適切だと思うものに確実にアクセスできないようにすることだけにとどまらせてはいけない。子どもたち自身が、鋭い洞察力を培い、何を探し、何を見、何に関わるかを選ぶ責任感を養うために、識別力のある視聴者、利用者になる必要がある。

　「情報」は、何もオンラインのものだけに限らず、暴力的、攻撃的、過度に性的なビデオゲームやテレビ番組、映画、雑誌、その他の読み物など、毎日の生活の中で知らず知らずのうち、または無意識のうちに出くわすものも含まれる。これらの情報にアクセスすることに対し、保護者がまったく気づかないこともあり、多くのゲームやテレビ番組、映画は適切と見なされてアクセスが許され奨励されることすらある。ビデオゲームによっては、その暴力のレベルはきわめて高いのに、対象年齢は12歳以上とだけ記され、子どもたちがこのようなゲームで遊ぶことをよしとしている。

　アンダーソンらは、「暴力的なテレビ番組や映画、ビデオゲーム、音楽に関する調査で、メディアの暴力は短期間、長期間の両方において、攻撃的で暴力的な行動を増加させる」ことの明らかな証拠について報告している（2003, p.81）。「Journal of Adolescent Health（青少年の健康）」という学術誌に載ったある研究では、「メディア上で性的な内容により多くふれた、または性的行動に関してメディアからの情報をより多く受けた青少年は、性交渉に対する欲望がより強く、より多くの性交渉をもつこと」が報告されている（L'Engle et al., 2006, p.186）。

📶 安全な連絡手段

　インターネットや関連サービスは、世界中で、簡単にすぐに、何百万人の人たちとコミュニケーションを図ることを可能にさせる無敵のツールである。しかし、連絡を取ってきた人が、自分の望まない人、こちらの親切につけこむような人、そして悪事に誘いこむような、または危険な人だった場合、リスクが伴う。

　面と向かってコミュニケーションを図る場合、話しことばだけでなく、声のトー

ンや抑揚、ボディーランゲージなどの非言語的手がかりを用いるため、当事者は矛盾や不合理、危険を察知できることは広く理解されている。しかし、仮想のコミュニケーションにおいては、そこに示された書きことばだけを頼りにして、内容を判断しなければならない。これは、成熟度や危険に対する意識、物ごとを判断する直感力がまだ十分ではない子どもや若者にとっては、特に難しい。

　さまざまな形のインターネット上の機能、つまり、利用者がその場ですぐに個人的に話をすることのできるインスタント・メッセージ、Ｅメール、オンライン・チャット・ルームなどは危険で不適切な連絡手段となり得る。ここでいう危険とは、大人が性的欲望を満たすために子どもや若者に近づくこと、オンラインの「友だち」と実際に会うこと、インターネット上で人をいじめることを意味する。いやがらせや差別、いじめの手段としてインターネットが使われているのだ。

　インターネット犯罪フォーラムが出した「チャットワイズ、ストリートワイズ」と題した報告（2000）によると、オンラインで知り合った子どもと会い、子どもからの信頼を得ている大人の性犯罪者の数は、イギリスとアメリカで増加しているとのことである。イギリスのイングランドとウェールズの両地区の警察で2010 ～ 2011年の間に記録として残されている強姦罪の被害者の約３分の１（38％）が16歳以下の子どもで、過去の性的虐待における被害者は、15歳から17歳の女子である割合がもっとも高いことが報告されている（Home Office, 2011）。

　オンラインで知り合った人と実際に会う若者は、自らを小児性愛者によるいやがらせ、脅し、誘い込みの対象にしてしまう危険を冒していて、オンラインで関わった人とは違う人から性的暴力を受けたり強姦をされたりすることすらある。オンラインで見る情報が信頼できるかどうか、疑問をもつべきであると気づいていない若者が、このような暴力の被害者となってしまうことはきわめて危険な状態といえよう。

　ある若い女性が、オンラインで知り合った近所の同年代の女の子と疑いもなく会おうとしたら、実は、簡単に彼女を力ずくで押さえつけたり攻撃したりすることのできる男性だったといった危険な状況も考えられる。

📶 安全な商業的サービス

　インターネットの到来は、ビジネスの世界を決定的に変え、今やインターネットを通じてものすごい数の商業活動が行われている。私たちの多くは、オンラインで買い物をしたり、お金を払ってファイルをダウンロードしたり、インターネット上で銀行口座の管理やその他の取引をしたりして、インターネットを通してビジネスを行うことが容易であることを認識している。人々は、最新のノートパソコン、スマホ、タブレット、ゲーム機などを、発売されるやいなや、駆け込むようにして購入するので、IT業界は莫大なお金を稼いでいる。

　子どもや若者は、インターネット上に掲載されている広告者のターゲットになったり、危険で不適切な商業活動に対して影響を受けやすかったり、といった傾向がある。携帯電話のプレミアム料金サービスを利用する、商業的なウェブサイトに個人的な情報を登録する、インターネットで買い物をするために親のクレジットカードを使う、音楽のアルバムなどのファイルを不正にダウンロードする、などがこの例にあたる。

　新しいICT機器を使ったり、危険、または無謀な使い方を減らしたりする経済上、商業上の影響について、子どもや若者に教育をすることは、ネット・セーフティーを教え、促進していく上での重要な側面である。「子どものプライバシーを守る権利は、オンラインの広告、詐欺的な営業サイトによって侵害されているという批判が増えている」と報告する研究者もいる。

📶 さらなる危険を検証する

■■■ 身体的な危険

○インターネット上の「友だち」や、インターネット上で述べている本人像とは違う人たちと実際に会うことによって困ることが起きる可能性があり、その結果、身体的に危険な状況に追い込まれる。

○インターネットを使って、人から安全や安心を侵害される（いやがらせ、ネットいじめ）。

▨ ▨ 性的虐待、不適切な内容の摘発

○子どもが、あからさまに性的で年齢不相応の内容を、何の気なしに見ている（例：ポップアップ広告や偶然見ていたサイトを通して）。

○限定された人だけがアクセスできるサイトや、フィルターをかけるソフトウェアが入っていない場合に、子どもや若者が、あからさまに性的で年齢不相応の内容にアクセスしている。

○インターネットを通して性的ないやがらせを受けている（例：望んでいない暴力的な内容の電話や、性的な内容のテキストを受け取る）。

○子どもや若者に性行為や性的内容の会話に関わらせようとする恐喝、脅し、ゆすり。

○大人が性的欲望を満足させるために、インターネットを使って子どもや若い人を誘い出そうとする。これには、子どもや若者を身体的、性的に虐待したり、小児性愛的な行為に関わらせたりするために、実際に会おうとすることも含む。

▨ ▨ ネットいじめといやがらせ

○第5章で詳しく述べるが、ネットいじめは、スマホ・携帯電話を使って、またはインターネットを通して、繰り返し行われるいやがらせ、体面の傷つけ、虐待のことで、①テキスト・メッセージ、②電話、③写真やビデオ、④Eメール、⑤オンラインのチャット・ルーム、⑥SNSのサイト、⑦ウェブサイト（悪口、裏サイトなど）、などを通して行われる。

○子どもや若者だけでなく大人が被害を受けることもある。これは、昔からずっとあるような、力の強い子と弱い子の間で見られるいじめとは異なる。

○内容によっては犯罪ともなり得る教職員へのいやがらせは、学校でのネットいじめと見なされる傾向がある。

▨ ▨ 個人情報盗取

○私たちが知る限り、時には知らないところで、企業、組織、サービス機関が、私たちの個人情報を頻繁に必要とし、管理していることから、個人情報（Identity,以下ID）盗取があまりにも日常茶飯的に起きている。

○ID盗取は、個人を特定する情報が、別個人の利益のため、または犯罪行為として、

盗まれたり、使われたりすること
を意味する。

○名前、住所、生年月日、Eメールアドレス、もっと深刻な場合は、銀行口座の情報、個人のパスワードなどの個人情報が、誰かの「なりすまし」によって使われ、そこからその人の身元を探り出し、扱いに注意を要する個人情報にアクセスしようとする。

■■ 違法な行動

○イギリスやアメリカ、その他の国々では、音楽のダウンロード、コピー、共有を制限する法律が存在する。アメリカでは、「著作権をもつ録音物を許可なく複製、配布、貸借、デジタル伝送することは、重い民事罰、刑事罰にあたる」と、連邦法によって定められている（合衆国法典第17編第501条、506条、2012年）。

　アメリカは2012年、音楽ファイルの違法ダウンロード、共有において、もっとも多い犯罪者を出し、その数は96,868,398人にものぼる。イギリスは、2番目に多く、その数は43,314,568人である（Musicmetric, 2012）。法律が制定されているにもかかわらず、多くの人が意識的、または無意識にこれを行っている。

○インターネットは、犯罪的、違法的な行為を行うための巨大な利益の源でもある。例としては、いんちきなウェブサイトをつくり、どうかすると世界中の視聴者に対して商品やサービスを「売る」のに、ほんの数分もあればできる。

○スマホや携帯電話、インターネットを使うことで、犯罪の被害者になってしまったり、だまされて違法な行為に関わったりしてしまう子どもや若者がいる。

［訳注］日本でも、2012年10月に著作権法が変わり、販売、有料配信されている音楽や映像の違法ダウンロードが刑罰の対象になった（2012年、文化庁）。
　　　　http://www.bunka.go.jp/chosakuken/24_houkaisei.html

■■ ICTに対する固執、中毒性

○日常生活で、コンピューター、スマホ・携帯電話、ゲーム機といったICT機器を使えば使うほど、それらにより依存してしまう。

○2〜3歳の子どもが家のコンピューターや、Xbox、プレイステーションなどのゲーム機にふれる割合が増えている。

○インターネットや関連サービスを使う頻度が多い人は、ひきこもり、孤独感、うつ、疎外感などに陥るという報告がなされている。

■■ 著作権侵害

○インターネットは、世界中の図書館に所蔵されている情報をはるかに上回る、豊富な情報を提供している。研究プロジェクトや宿題、課題を行う上での助け、また強化になることは明らかであるが、音楽のダウンロードと同様、もし知的財産権が行使されている場合は、同じ著作権法が適用される。また、インターネットに書かれているすべての情報が正確で信用できるかどうかといった懸念もある。

■■ ウイルスや無差別メール

○コンピューターのウイルスは、テクノロジーの「病」と言い表すことができ、これによりそのサーバーが破壊され、情報に損害が及んだり、情報を失ったり、時には機器自体が破壊されてしまうことすらある。邪悪なファイルが、ちょっとしたソフトウェアやインターネットを通して、不注意に、または故意にコンピューターの中に侵入することにより、ウイルスがまき散らかされる。

○無差別メールは、Eメールやテキスト・メッセージを通じて、物やサービスを売る、または不適切な内容を見せることを目的に、会社や個人から不必要に送られてくる。

　危険が本当に存在する一方で、道具そのものは危険ではない。車自体は危険ではないが、向こうみずな運転をすることによって危険な状態になるのと同じだ。インターネットや関連サービスを理解するには、とても果てしなく複雑に見えるがために、また、それらが知られていない世界のことを見せているがために、私たちがインターネットは危ないと思ってしまう危険性がある。その結果、それらを信用せず、私たち自身の利用を禁じたり、子どもがアクセスするのにも慎重になったり、といった恐怖感を作り上げてしまう。

本章で述べた通り、予想される影響や考えられる危険はあるものの、それは理解できる自然な反応である。子どもたちを害から守ることはもっとも重要で、子どもたちを可能な限り保護することは可能である。よくも悪くも、この世界全体を象徴する可能性のあるインターネットは、未知の世界への入り口であり、若い人たちが取り入れたくて仕方のないものでもある。

　私たちが望む、望まないにかかわらず、子どもがインターネットにアクセスしていくことは紛れもない事実であり、大人として、考えられる危険に対する意識をもつことは、子どもが安全に責任をもってインターネットを使うことを確実にするための最初の一歩である。しかし、私たちも親として、教育者として、インターネットの重要性とその著しい進歩を理解しながら、バランスを取らなければならない。

　インターネットのおかげで、簡単に人とつながることができ、情報の共有、研究、調査、それに加えてさらにたくさんのことができるようになった。そして、インターネットが教室の域を超えたすばらしい指導・学習手段となり、生徒の学習体験を高めている。

　ICTを否定することはできない。学校で不適切と思われるウェブサイトへのアクセスや携帯電話の持ち込みを禁止したとしても、学校の門を出てしまったら、意味をなさないルールであり、これで子どもや若者を守ったことにはならない。私たち

が生徒を何から守ろうとしているのか、その理由、その方法など、生徒は十分に理解できていない。

　車自体は危険ではなく、旅行をする人にとっては実に便利なものであるのと同様、インターネットなどの最新技術に関しても似た考えをもつことができる。これまでに一度も運転をしたことのない人に、運転をさせようと思うだろうか？　車の便利な点や他の自動車に道を譲ることだけを教えるのではなく、車がどう動くのかを教え、運転をする際の責任について強く認識させ、考えられる危険について強調したいと、まず思うのではないだろうか？

📶 学校での問題か？

　生徒が学校の外で、または学校時間外にスマホ・携帯電話やインターネットを使って起こした危険、もしくは不適切な行動に関して、あまり関わらないことにしている学校も多い。学校が介入すべきかどうかはかなりグレー・ゾーンで、政府や法定の立場からの明確な線引きもない。

　学校時間外に起きたことに対しては、ただかかわらず、親や警察、その他の法的機関に回すという学校があるが、教師や学校の役目は、身体的、精神的、社会的痛みの中にあって、学ぶことができないような状態にある若者や子どもを教育すること以外に何があるのだろうか。

　ネットいじめによって悩んで眠れない週末を過ごしている子どもが、月曜日の朝によい状態で学校にやってくるとは到底思えない。性的に挑発する写真を男の子に送り、それが学校中に転送されてしまったら、その女の子は学校に二度と出てこられないと思うだろう。

　子どもは、感情的にぴりぴりしている時、クラスでの討論の時間に、情報を保持したり、理由づけをしたり、議論をしたり、積極的に参加したりすることはできないし、しっかり学校生活を送ることもできない。感情抑制能力の分野の先駆者であるダニエル・ゴールマンは、脳の感情をつかさどる部分は闘争、逃走反応を制御し、扁桃体（脳の小脳扁桃）が恐怖感を察知することから、恐怖や怒りといった大きくストレスを感じる状況や強い感情を抱く状況が「アミッグダラ・ハイジャック（心の傷は扁桃体にしまいこまれ、何か刺激があった時にはその傷口がまた開く）」の状態をつくると唱えている（Goleman, 1996）。

学校の外で起きるネット・セーフティーやネットいじめに関する問題にどの程度かかわるかについては、各学校の判断によるが、学校の理事、評議員、教職員は、法律によって生徒の面倒をみる義務があるということを覚えておいてほしい。

　生徒の意識を高める授業、わかりやすいカリキュラム、記述、またはオンラインからの情報を使って、予防的なネット・セーフティーの教育プログラムがあれば、事件の流れかさえ止め、事が起きてから動く体制から、事が起きる前に行動を起こす体制の学校へと変えていくに違いない。

Part.1
デジタル世代のためのネット・セーフティー

性とインターネット

■■ 性文化の加速と広がり

「セックス産業」というものができてかなりの年月が経ち、今日の世界は性的な暗示、イメージ、ことばで事実上あふれかえっている。車からソフトドリンクまで、あらゆるものの販売に、性的関心や性的な画像が取り入れられている。西洋社会（先進国）では性、性愛化、性的イメージが途方もなく広がりを見せ、私たちの多くは、広告、テレビ、映画、音楽ビデオ、紙面上やオンラインのマスメディアにおける男女の描写に使われている、きわめて挑発的で露出的で下品ともいえる策略に気づかないことすらある。この広がりを見せている性文化は、レグ・ベイリーが2011年にイギリスの教育省の委託を受け独自で行った幼少期の子どもの商業化と性欲化に関する報告の中に「子どもの命の壁紙」として表現された（DfE, 2011）。

ベイリーは、「私たちが性的なメッセージを受け取るメディアの経路の増加は、性的な内容やイメージの露出が増え続ける状態にあるということを意味する。悲しいことに、調査に協力した親の一部が「どうにも逃げ道はなく、子どもがただ子どもらしくいられる『きれいな場所』は存在しないとまで感じている」と報告している（2011, p.23）。

特に若い人たちというのは、日常、自分たちの周りにある画像のことをよく知っている。彼らは、性的なもので満たされた世界に生まれ、そこで育っている。その世界とは、若い時から成熟し、性的にも準備ができているように見えることを必要とされているかのような社会のことである。最近、子どもの性愛化に対して保護者や教育者、運動家たちがメディアを相手に行った抗議活動は、より広い範囲で公の関心を集めるきっかけとなった。

子ども相手に売られる、ずらりと並んだ大人っぽい、または不適切なサービスや商品に対して懸念の声が上がってきている。12歳以下の子どもに紐のように細い

下着や胸を押し上げて大きく見せるブラジャー、化粧で塗りたくった異常に性的な雰囲気を醸し出す人形を販売すること、5歳ほどの女の子を対象に誕生日に「カクテル」パーティーを行い、リムジン・カーに乗り、化粧直しを行うことを売り物にすることなどがそれにあたる。

　若い子どもたちを対象にした市場の拡大、特に大人向けと言われる商品に対する若い子どもたちの消費行動の増加は、これらの商業活動による悪い影響を深く懸念し、一部の人からは「小児性愛企業」という言葉で表現されている。

■■ 性愛化とは

　性的生き物としての個人の性の発達は、ごく自然な成長の一部であり、思春期に性に目覚め、恋愛関係への道が開けていくである。健康的な性とは、心身の成熟の重要な一面であり、正しい指導や知識、支えの下、同意する相手との社会的、感情的、身体的関係を強めてくれるものである。しかし、若い人や子どもたちが精神的、感情的、身体的に性に対応する能力が備わる前に、大人の性的関心が押しつけられる形となっている（Papadopoulos, 2010）。

　アメリカ心理学会は、次のように述べている。

　性愛化とは、人の価値が性的な魅力や行動からだけ出てきて、他の特徴を排除する時、人が性的に魅力的であることと（狭義に定義する）身体的魅力を同等視する基準をもつ時、人が性的に対象化する時——つまり、自立した行動や決断の能力をもつ1人の人間として見られるよりも、他人の性的な対象になるために事を起こす

時、そして、性欲が人に対して不適切に課される時、に起こる（APA, 2010, p.1）。

　アメリカ心理学会の女子の性愛化に関する特別委員会の報告（2010）に、性は自己の客観化をつくり、その結果、若い女性は、自己のニーズや状態を若い男性のニーズや状態に合わせるように定義し、自分自身の身体を欲求の対象として考え、扱うことを学ぶ、と書かれている。見た目に価値をおき、自負心の低さ、自己価値や自尊心の欠如を必然的に招きながら、自分自身を見られる対象として扱うことを身につける。自己の客観化は、若い女性における性的な健康状態の悪さや、性的な自己主張の軽減とも関係している（Impett, Schooler and Tolman, 2006）。

　性愛化や、性的関係が早い年齢で始まることは、若い人たちにとって、身体的、社会的、精神的に損害を与えることにもなりかねず、摂食障害やうつ状態などよく知られた精神衛生上の問題につながることも確認されている（Ward, 2004）。特に若い女性は、誰かとつきあい、性的にも関係をもつ準備ができていると見せる必要がある一方で、友だちからは「ふしだらな女」と見られたくないという葛藤があり、その結果、仲間はずれ、人間関係崩壊、いじめといった問題に結びつくことがある。乱交という評判を得ない一方で、子どもっぽいとレッテルを貼られたり「経験のない処女」と思われたりしたくないという微妙な境界線が女の子を悩ますことが多い。

　子どもや若い人たちの性愛化については、研究や討論のテーマとして取り上げられる機会が増え、より多くの保護者や教育者、心理学者、大学研究者によって、次から次に起こる性的なイメージやメッセージの絶え間ない攻撃による子どもたちへの影響が認められている。しかし、若い人たちの性愛化は、ただ女の子だけに影響を及ぼすのではなく、男の子も性欲化のイメージ対象や、21世紀の男性はこのように見え、行動すべきであるといった月並みな見方の対象となる可能性がある。女の子はより成熟が早く、性的にも準備ができているように急いで見せるが、男の子も同様に男らしさとセックス狂、支配的な男性といった役割を演じるプレッシャーを感じており、これはよく知られた十代の文化の中で描かれる点でもある。

■■ 性に関する情報源

　このような懸念はあるものの、若者の性愛化に関する問題が本書の主な内容ではない。それでも、性愛化と性に関する危険な行動、そしてインターネットとの関係をはっきり記しておくことが大切だと考える。スマホや携帯電話などを通してアクセスすることも多いオンラインメディアは、雑誌などの印刷によるメディア媒体と合わせて、若者の性愛化の始まりとなる情報の入手経路である。今や若い人たちは

常にそうした情報源に囲まれ、
巧妙、かつ露骨なメッセージ
が絶えず生活の一部となって
いる。私たちの多くは、絶え
間なく続く性の泥沼から逃れ
ることはできない。

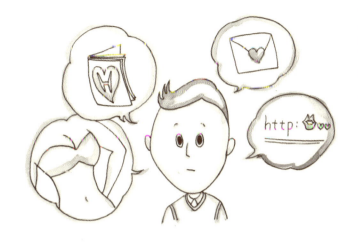

　若い人たちが性や、潜在的
な恋愛相手との関係、戯れ、
性行為についてある程度学ぶ
経路は、インターネットが主
体となるケースが増えているのも事実である。イギリスの家族計画協会は、「子ど
もや若い人たちは性や恋愛に関して、公式、非公式の両方の情報源から学んでいる。
これには、家族、友人、メディア、学校やその他の教育施設、青少年クラブ、保健
の専門家などが含まれる。これらの情報源は、正確さにおいてさまざまで、多くの
若者が性行為、恋愛関係、避妊、性感染症など必要な情報をきちんと得ないままに
なっている（2011, p.2）。

　メディアが若者のセックスに関する主な情報源である傾向があるが、性行為、性
欲、恋愛関係についてゆがんだ見方や定型化された考え、不正確なメッセージを送
ることも多々ある。若者が自宅のコンピューターやタブレット機器などでわいせつ
な文書や画像（ポルノ）を見る機会が増えており、これが不正確で間違った見方を
いっそうひどくし、ポルノの常態化、消費の増加といった懸念につながっている。
かつて、あまり知られず内密だった性的な情報の発信に関して、社会的に問題がな
いという感覚が増している。

　オーストラリアの研究者が、インターネットへのアクセスが一般に普及したこと
により、若者のポルノ消費は増加し、若者がポルノにさらされている割合は「著しい」
という見解を発表した（Flood, 2009）。2006年、オーストラリアの学校で13歳か
ら16歳を対象に行った研究では、93％の男子と62％の女子がオンラインでポルノ
を見たことがあると答えている（Flemming et al., 2006）。

　オーストラリアのDVRCV（Domestic Violence Resource Centre Victoria:
ヴィクトリア州家庭内暴力情報センター）が出している新聞に、ポルノが若者の健
康的な性や、恋愛関係に対する意識や理解に悪い影響を与えると強調して書かれて
おり、「ポルノが若者の性に関する理解や経験の中心的な媒介物となっている」と

述べられている。若者は前代未聞の割合でポルノにさらされている。多くの若者が
セックスに直面する以前にポルノを知る（DVRCV, 2010）。

■■ ゆがんだ性的イメージ

さらに、若い女性がポルノから得たメッセージを自分の考えとして取り込んでし
まうと指摘する研究もあり（Zwarts, 2007）、これが、相手との性行為で何を必要と
するかという部分に、不正確で欠陥のある見識をもたらし、女の子や若い女性が男
性に優越感を与え、喜ばせるための従属的な者として見られるといった男女の不公
平や紋切型の見方をさらに増やしている。学校環境では、これが生徒間での性的に
不適切な行動、性的いやがらせ、若者の売春・買春・ポルノの問題にさえつながる。

インターネット、ポルノ、若者の間におけるこの相互作用の複雑な含みに加え、
自分たちのSNSのサイトやその他の場で公開しているプロフィールを通して、自分
たちを性的商品として表現していることも問題である。このよくない自己表現は個
人的、社会的問題を導くことにもなりかねず、多くの場合、最終的に学校に通達さ
れることになる。

若者は、自分のオンライン・プロフィールを、自分の性的な正体を試すため、自
分を商品のようにして売り込むために使っている（Stern, 2006）。その結果、ティー
ンエージャーが挑発的な画像やメッセージ、自分の美しさや性的に準備ができてい
ることを売り込むようなメッセージを発信するための性的な内容をオンラインに載
せることになる。それは、至るところにあるプレイボーイのバニーガールのイメー
ジといった、公で「好感をもたれ
る」特定のテレビ番組や有名人、
憧れの的程度の微妙なものであっ
たり、自分や他人についての意見
であったりする。

SNSのサイトに挑発的、性的な
自分の画像を載せることで、二つ
のことが同時に起こり得る。それ
は、男性の肯定的な注目を引くこ
とと、女性からの否定的な注目を
浴びるということである。女の子
は、知らず知らずの間に、他の女

の子からのいじめや虐待、若い男性からの性的いやがらせや性的に不適切な反応を受ける対象になってしまうことがある。オンラインに載せた画像にコメントや評価を受けつけたり、それを共有したりすることで、実際の人物に反して、性的商品であるかのようなイメージをつくってしまうことになる。

　若い女性も男性も、自分たちのプロフィール上やその他のコミュニケーションの場で見せている外面的な人格や情報を通して、学校や地域、そしてオンラインでのつながりから遠く離れたところで、すぐに評判が広がる。ふしだら、安っぽい、不感症、だらしない、同性愛者である、その他たくさんのレッテルは、長年にわたって若い人に焼きつけられ、最終的には孤独感や嫌われているような感覚に陥る。

■ ■ メッセージを使った性的なやりとり

　若い人たちがウェブにアクセスできる自分用のスマホやノートパソコン、タブレット機器をもつ割合が増えるにつれ、1日24時間、週に7日、いつでも誰とでもオープンにコミュニケーションが図れるようになった。実際、最近の若者の恋愛関係が、少なくとも最初のうちは、インターネットを通して築かれるようである。インスタント・メッセージ、SNSのサイト、その他の簡単でお互いの顔を見ない接触の仕方が、若者のコミュニケーションの方法であることも少なくない。

　これは心配な傾向である。面と向かわずに行うコミュニケーションは、身体的にも感情的にも距離感をつくる。コンピューターや携帯電話の画面の間にある仮想の距離で、他の人の前では決して言わない、行わないようなことが受け入れられたり、奨励されたりする。ネットいじめや性的なメッセージや画像を送信することが、どんどん当たり前のようになってきている。イギリスでは、3人に1人のティーンエージャーが「性的に挑発する」メッセージを受け取ったことがあると答えている (Cross et al., 2009)。

　アメリカの研究では、5人に1人が性的なメッセージを送受信したことがあるとしている (NCMEC, 2009)。一時期大変人気のあったSNSのサイト、マイスペースの700人のプロフィールを量的に分析したところ、若い人の59％が自分のプロフィールに性的な関心を集めるようなポーズをとった写真を載せており、男の子の28％、女の子の17％が部分的に裸の正面写真を載せている。恐ろしいことに、女の子の6％は全裸の写真をプロフィールに載せていた (Pierce, 2007)。

　性的なメッセージとは、性的な画像やメッセージを送ったり、メッセージを通し

て性行為に関わったりすることを意味し、多くの場合インスタント・メッセージを通して行われる。メッセージを通じて性的にほのめかすひどい悪ふざけから、裸の画像を送るものまで、度合いはさまざまである。未経験の若い人たちにとって、会話がすばやくエスカレートし、害のない悪ふざけから、取り返すことのできない画像や映像を送ることに巻き込まれたりする状態に発展したりする。

　多くの若者は、このような画像が永久に取り返せないということにまったく気づいていない。画像は、送信者の携帯電話やコンピューターからいとも簡単に削除できるが、いったん送ってしまうと、ただちに誰か他の人に転送され、オンラインに投稿され、印刷されたり、そうでなければ配布されたりする。いったんオンラインに投稿した画像や映像は、事実上、永遠に取り戻すことはできない。コンピューターやインターネットのアクセスをもつ世界の何億人という人たちが画像をダウンロードし、複写し、再投稿し、電子的に改造されたり編集されたりする可能性すらある。

■■ 心身の発達と性

　さらに保護者や教育者が同様にもつ懸念は、法的に性行為の年齢に達していない女の子の露骨な、または裸の画像を配布したり要求したりする若者の合法性である。最近では、ある若い男性が「危害を及ぼさないから」とちょっとした楽しみで始めたことがぞっとするような結果を招くことになり、性犯罪者として登録された、といった事例もある。

　性的なメッセージは、たとえそれがコミュニケーションの形になっていたとしても、おそらくこれまでの大人がそうしてきたように、若者がセックスや自分の性的志向をただちょっと試す過程なのだ。若い人の身体的、社会的、性的な発達は、自分の子どもにほんのもう少しだけ子どもでいてほしいと願う大人にとって、争いの元となることが多い。しかし、インターネットやそれに伴うオンライン・メディアの爆発的な発展と普及は、とにかく前例がない。

　たとえ「同じことが違う時に起きた話」であったとしても、インターネットやインスタント・メッセージによって、個人の描写が視覚的、公的な方法ですばやく伝わるようになる。このような例はこれまでになかった。これは疑いもなく肯定的で、人々の考えやアイデア、主張などを披露するのに役立つが、オンラインでの行動を悔いる若者たちにとっては、性的なメッセージやその他のオンラインでの行動による影響が精神的な破壊につながる恐れもある。

　最近のティーンエージャーの自殺に関する報告では、メディアを使って性的な関

係をもつ行動は、その当時は無罪のように見えるものの、他に逃げ道がないとわかる時までずっと本人を不安にさせるという結果が出ている。

多くの大人は、若い人たちはまだ性行為に関わる準備ができておらず、各個人の恋愛関係や性的関係に対する成熟度や準備が整っているかどうかは、それぞれ違うタイミングで起こるものだと感じている。多くの若者が見た目や性的な関わり、コミュニケーションにおいて、仲間や社会から圧力をかけられているように感じているため、一般的な性愛と相まっているオンライン・メディアが、この過程を早めているのかもしれない。

性行為に関わる準備が身体的にできていると思われる若者でも、理由づけや先を見越す力が不足していて感情的な発達がまだ十分でないことがよくある。脳の一部で、行動や判断力を調整する前頭前皮質は、21歳まではまだ完全に形づくられない。この事実は、子どもや若者が自分たちの行動による影響を理解するために、この先に起こり得る結果を思い浮かべたり、概念化したりすることができないことを裏づけている。

📶 保護者の役目

多くの保護者は、子どもたちがあまりに早く成長していると感じ、これまで以上に子どもというものはなるべく早く成長しなければならないと求められている状況に常に直面している。その外面と内面からの圧力に対しては、保護者も無力だと感じている。実際、保護者の行動が若い人の性欲化、性的内容へのアクセスに寄与しているとさえ言える。つまり、それがまだあまりに早すぎて不適切であると思っていても、子どものために最新の機器を買ってやらなければという圧力を感じたり、安全に関する手段や認識を与えることなく、スマホやタブレット機器、ゲーム機、テレビといったインターネット対応の機器を年齢の若い子どもに買い与えて他の人に負けまいと見栄を張ったりしているのである。

若い人たちは、最新機器に対する理解が自分よりも劣っている大人を知恵で負かす方法を絶えず探していて、保護者が子どもの行動にまったく気づかないこともあり得る。スマホには、「アプリケーション・ストア」にアクセスする機能がついていて、そこでは何千というアプリケーション（ソフトウェア）がダウンロードでき、無料で提供されているものもかなり多い。そのようなアプリケーションを通して、

携帯電話上で銀行の取引から新聞を読むことまで、何でもできる。

　子どものスマホの月々の支払いをしている保護者は、請求書上でテキスト・メッセージがあまり送られていない（思うに、子どもが『よからぬこと』をたくらんでいなかったことを示している）のを見て元気づけられるかもしれないが、一方で、多くの若者たちは、どれだけ送ろうが請求書には一切記されず、携帯電話同士が無料でテキストや画像を送ることのできるアプリケーションを多くの中から選んで、それにどうアクセスするかを知っているのである。

　ブラックベリーという電話は、独自のメッセージ機能、ブラックベリー・メッセンジャー（BBM）というアプリケーションがついていて、ブラックベリー同士では無料でメッセージの送受信ができる。メッセージのやりとりは、個人間、またはグループ内の複数の間で行え、さらに画像や音楽、ファイル、位置を示した地図なども送れる。

📶 学校、セックス、インターネット

　保護者には、子どもがオンライン状態にいる時、またインターネットを利用する時に起こり得る危険や責任に関して、子どもを保護したり、子どもに知らせたりする役目があることは明白である。どんなに少なくとも、友だちとの性的なコミュニケーションに関わった場合の影響について、オープンで率直な話し合いの場をもつべきである。しかし、多くの個人的、社会的問題が関係するため、性やインターネットに関する問題について、親が行う話し合いや指導の取り残された部分のギャップを埋めるために、ある程度は学校に責任が降りかかるようだ。

　SNSのサイトやスマホ、その他のオンラインに接続できる機器を子どもや若者が使う頻度が増えるのに伴い、性欲化や性的虐待の被害、そして小児性愛の被害にさえあう危険にさらしている。子どもの健康に影響を及ぼす問題は、どんなことでも、子ども保護の問題と見なされるため、もし学校職員に報告がいった場合は、適切な対処をしなければならない。

　チャットルームで生徒が性を食いものにする人から標的にされているという報告が入ったら、オンライン以外で起きた時と同じような手順で対処するべきである。学校は生徒に対して面倒を見る義務、安全保護に関するあらゆる問題を報告する法的責務がある。あなたの学校の子ども保護、安全保護の方針に、インターネットに

関する危険について記述されているかどうかを確かめるのは有益である。インター
ネット利用に際しての危険について理解するために、先頭に立つ教職員（特に、毎
日子どもの問題に対処する教職員）にトレーニングを行うことも非常に重要である。

オンラインでの、性的なメッセージを含む、性愛化に関する問題を起こした若者
を退学に処する学校が増えているのは明らかで、若い年齢の子どもが携帯電話やイ
ンターネットを通して性的な行為やコミュニケーションに巻き込まれる事例さえも
報告されている。教室内や廊下で見られる問題の可能性に気づくことで、教育者と
して、生徒によりよい支援をすることができ、将来起ころうとしている問題の危険
性を減らすことができる。

生徒が学校外、または教職員に知られないで起こす行動を学校はコントロールで
きないが、大人は、いじめ、友だちからの圧力、性的いやがらせ、性的虐待が起き
ていないことを確かめる役目を担っている。就業時間内は生徒に携帯電話を使わせ
ないことを勧めるし、この点において学校の規則に従わない生徒に対するはっきり
した処罰を簡潔に表記しておくべきである。

Chap.
4

自宅における
ネット・セーフティー

　若者にオンラインでの安全な行動について教える明確な役割が学校にある一方で、自宅でもネット・セーフティーについて教え始めなければならない。ほとんどの家庭で最低１台のコンピューターを所有しており、多くの若者はスマホやその他のインターネット環境の整った機器をもっている。したがって、そうした機器を使った危険で不適切な行動は、学校外で起こる傾向がある。学校のカリキュラムが常に増大していることを考えると、学校だけにネット・セーフティーの提案者でいることを期待するのは、不公平で不適切である。ネット・セーフティーに関する保護者の支持、家庭独自の教育が若い人たちに首尾一貫したメッセージを伝え、学校に持ち込まれるネットいじめや不適切な行動を回避することにもなる。

■■ 親の関与

　De Hann, Duimel, Valkenburg（2007）は、30％の家庭が子どものインターネット利用に関して実際にそばで監視しているが、ほとんどの家庭ではフィルター機能のソフトウェアに頼るか、インターネットの検索履歴を調べるにとどまっている（Beebe et al., 2004; Mitchell, Finkelhor and Wolak, 2005; Aang et al., 2005）。これら親たちの行動の多くは、インターネットの利用や知識における世代の違いを物語っており、自分の子どもをインターネットの指導者のように見て、子どもに答えを頼るといった傾向すらある。監視フィルター機能のソフトウェアや子ども自身のよいと思われる判断や成熟に頼るだけでは、問題が起きるのを待っているようなものである。

　「インターネットにおけるしつけの形と小学生のインターネット利用への影響」と題した研究では、ネット・セーフティーに関する保護者の問題がどのくらいあるかについて述べている。

　先進国での最近の研究で、インターネットの利用は主に自宅が中心であることが

報告されている。小学生の91.2％が自宅でインターネット・サーフィンを楽しむのに対し、学校では66％にとどまっている。このことは、安全なインターネットの利用に関する教育において、保護者の役割が重要であることを示している（Valcke et al., 2010, p.454）。

　親のしつけの形は、子どものスマホ・携帯電話やインターネットの利用の仕方を顕著に変える。家の中で他の行動についての規則や境界線をきちんとつくっている保護者は、子どものインターネットの利用を監視したり制限したりする傾向が見られる。若い保護者は、インターネットの危険性や子どもの行動をより把握している。それは、おそらく、保護者自身がICT機器やインターネットに精通していて、自分でも利用するからであろう。

　寛容なしつけの形もまた、スマホ・携帯電話、インターネットの利用に関係し、子どもがインターネット機能のついた機器を使う際にほとんど、またはまったく監視されない傾向につながっている。しかし、より厳しいしつけの形は、自警的な行動を導きやすく、これはFurediの「恐怖の文化」ということばで言い表されている。

■■ 恐怖の文化

　「毎日の恐怖〜恐怖の文化におけるしつけと子ども」と題した論文の中でFranklinは、メディアで充満した社会では、最近の恐怖の病巣を避けることや、恐怖によって駆り立てられる行動を回避することは不可能である。また、親に対してはとても大きな圧力が存在し、たとえ純粋に予測できる危険からきたものであっても、また残念ながら過度な保護や監督、規制を意味するものであっても、子どもを守るために親は自分たちの力の範囲で何もかも行わなければならないという事実は驚くべきことではない。（Franklin and Cromby, 2010, p.4）。

　隅々に潜んでいる小児性愛者、性犯罪者、通り魔の絶え間ない危険とともに、親の恐怖をメディアが利己的に利用し続けるため、保護者の中には子どものオンラインでの行動に対して、ほとんど病的に警戒してしまうこともある。親たちは、インターネット利用のバランスをいかにとるかで苦慮してしまう。例をあげると、西洋社会に存在する恐ろしい環境の中で、多くの親が、子どもは携帯電話を持つことが必須であると思ってしまうが、同時に、ネットいじめや性的なメッセージ、全地球に通じている電話によって提供される不適切な内容の危険性に恐怖感を感じている。仮想の世界は、私たちの想像の中で「目に見えない他人」の恐怖感がはびこることに拍車をかけている、とFurediは述べている（2002）。

■■ 仲間による教育

　イギリスのプリマス大学の研究者たちは、親の監視や、閲覧可能なサイトにフィルターをかけたり遮断したりする厳しい手段よりも、仲間による教育の方が、安全なオンラインの行動を推奨する上で、より効果的であるという結果を発表した。情報安全ネットワーク研究センターが著した論文には、インターネットに対する認識を高める現存の多くの取り組みは、危険な状況を利用していて、それによって保護者は過度なフィルタリングやアクセス制限といった方法を採択するようせきたてられる、と書かれている。若い人たちのインターネットに対する認識を高める能力を向上させるには、より包括的な取り組みが必要である（Atkinson, Furnell and Phippen, 2009, p.1）。

■■ 保護者への教育

　これから述べることは学校にとって重要だと思われる。仲間による教育（ピア・エデュケーション）は、これまでさまざまな授業に取り入れられてきたが、ネット・セーフティーに関して言うと、この仲間による指導がことのほかよい結果を得ることになり、これは若い人たちが、大人よりも、仲間のオンラインの行動や手段をよりよく理解する傾向があることを物語っている。

　親にとっては、子どものスマホ・携帯電話、インターネットの利用をただ単に削減したり、監督したりするのが論理的な方法であるかのように見えるが、これは子どもを教育したり、子どもの認識を確立する上での大きな失敗を招くことになり、子どもがインターネットを使う際にますます破壊的になる可能性がある。さらに危ないことは、厳しいしつけによる線引きは、子どもがネットいじめを経験したり、もっとひどい場合、手に負えない不適切な内容や性的なメッセージを受け取ったりした時、親に助言や援助を求めようとしなくなることに問題がある。もし、若い人たちがネット・セーフティーに関する問題を親に言いたくない時は、特に学校の教職員が話し相手になることがきわめて重要であることを、覚えておいてほしい。

　子どもにとってはいたって自然に身についている知識や能力が、親や祖父母の世代には不足しており、会話を始めたり、規則をつくったり、オンラインでの行動を制限したりすることができるようになるためには、ある程度の指導を必要とするだろう。学校の会報やウェブサイトに、次にあげるような基本的な情報や助言を載せることは、最初の一歩としてふさわしい。

○コンピューターをリビングルームに置く場合は、画面の背面を壁側につけ、子どもが大人の目を離れて不適切な内容にアクセスしないように、ノートパソコンは共有の場所でのみ使うよう強く主張しよう。

○自宅のコンピューターにフィルター・監視機能のついたソフトウェアを入れよう。簡単にインストールができるこれらのソフトウェアは、オンラインショップや、多くの電器店で購入できる。

○家族でスマホ・携帯電話やインターネットの利用時間を設定し、ネットいじめが起きたり、誰かがオンラインで接近、または不適切な接触をしてきたりした場合には、どうすべきかを話し合っておこう。

○知らない人からファイルを受け取った時には、どうすべきかを子どもに教えておこう。そのファイルはウイルス、または子どもの目にふれさせたくない不適切な内容かもしれない。

○あなた自身、SNSのサイトで自分のプライバシーの設定を定期的に確認し、あなたに関する他のどのような情報がオンラインに公開されているのかを確かめよう。

○フェイスブックなどのSNSのサイトであなたのプライバシーの設定を確認し、あなたの友だちや連絡先に入っている人だけが、あなたの情報、最新の状況、写真を閲覧できるようにしよう。

○オンラインに投稿したあなたの個人情報を確認しよう。SNSのサイトのプロフィールには、住所や生年月日といった個人を特定できる情報を一切載せるべきではない。

○イギリスでは、ネットいじめを含むオンラインのあらゆる問題は、児童虐待対策オンライン保護センター（CEOP: the Child Exploitation and Online Protection centre, www.CEOP.gov.uk）に報告することになっている。アメリカでは、全米サイバーセキュリティー連盟（National Cyber Security Alliance）がオンラインでの安全についての助言や援助を得るための多目的のウェブサイト（www.staysafeonline.org）をもっており、www.stopbullying.govのウェブサイトでは、あらゆる種類のいじめ（ネットいじめを含む）に関する助言を提供している。

○親として知る努力をしよう。例えば、あなた自身がフェイスブックやツイッターのアカウントを開き、それらを理解することも一つの方法である。

生徒と同じく、保護者へのネット・セーフティーの教育を行うかどうか、またそれをどのような形で行うかは、学校の判断による。率先して行う学校は、保護者会を開いて、いじめに対する意識向上の研修会でネット・セーフティーとネットいじめについてふれるであろう。地域や国のさまざまな団体は、ポスターや学校の玄関において情報パンフレットを提供している。

🛜 オンラインの情報源

保護者、専門家、そして若者にとってのよい情報源となるすばらしいウェブサイトがたくさん存在する。

[訳注] 日本語版発行にあたり、日本のウェブサイトを紹介する。

- -

● ストップいじめ！ナビ　http://stopijime.jp/
　　いじめの各種相談窓口の紹介のほか、いじめに関するQ&Aや家庭で使えるいじめチェックシートのダウンロードなどもできる。

- -

● ストップいじめ！ナビ（大人版）　http://stopijime.jp/adult/
　　上記の大人向けサイト

- -

● 文部科学省 いじめ相談窓口紹介サイト
　　http://www.mext.go.jp/a_menu/shotou/seitoshidou/06112210.htm
　　　文部科学省ホームページ内の子ども向けの各種いじめ相談窓口の紹介サイト

- -

● 迷惑メール相談センター http://www.dekyo.or.jp/soudan/
　　一般財団法人 日本データ通信協会による迷惑メール対策ホームページ。迷惑メールに関する情報収集と相談が可能。

- -

● 一般財団法人 いじめから子どもを守ろうネットワークホームページ
　　http://mamoro.org/
　　いじめ・ネットいじめに関する各種情報掲載、児童・生徒向け相談掲示板、保護者向け相談掲示板など

- -

● 警察庁 インターネット安全・安心相談　http://www.npa.go.jp/cybersafety/
　　警察庁による各種ネット被害に対する相談窓口の紹介ホームページ。ネット被害の

事例等の紹介。

● **都道府県警察本部サイバー犯罪相談窓口一覧**
http://www.npa.go.jp/cyber/soudan.htm
　各都道府県ごとのサイバー犯罪／ネット被害の相談窓口のURL紹介ページ

● **国民生活センター インターネットトラブル情報提供ページ**
http://www.kokusen.go.jp/topics/internet.html
　インターネットに関わる各種トラブルの事例紹介ページ

● **イギリスでの情報源**
▶ www.bbc.co.uk/schools/parents/cyber_bullying
　子どものネットいじめを理解、処理する上で、保護者の支援を行うためにつくられた英国放送協会（BBC）による情報サイト。ネットいじめを考えるビデオも閲覧できる。
▶ www.cybermentors.org.uk
　ネットいじめを含む、いじめをたくさんしている子どもや若者のウェブサイトで、オンラインのチャットルームを通して訓練を受けた仲間の相談員や大人のカウンセラーから情報や助言、援助を受けることができる。イギリスの福祉団体Beat Bullying（いじめ撲滅）によって運営されている。
▶ www.ceop.gov.uk
　イギリス政府によって運営されているウェブサイトで、子どもや若者に対する性的虐待を撲滅するためにCEOPが取り組んでいる。デジタル世界で安全でいられるよう保護者や専門家、若い人たちを支えるための多くの情報を出版している。CEOPは、www.ceop.police.uk/safety-centreで若い人たちにオンラインでの虐待やネットいじめに関して、勇気をもって報告することを奨励している。
▶ www.ThinkUKnow.co.uk
　CEOPが運営しているもう一つのウェブサイトで、健康的で安全なオンラインでの行動を紹介するために、子ども、若者、保護者、教育者を対象とした幅広い情報を提供している。

● **アメリカでの情報源**
▶ www.stopcyberbullying.org
　ネットいじめに対処するための情報や助言を提供しており、それにはネットいじめの定義、学校の見解、ネットいじめに関する法律などを含み、学校や若者のための「ネットいじめ防止ツールキット」がダウンロードできる。
▶ www.netsmartz.org
　National Center for Missing and Exploited Children（全米行方不明者および搾取された子どものためのセンター）によって運営されているウェブサイトで、NetSmartzが5歳から17歳までの子どもや若者を対象に、どのようにしたらオンライン、オフラインで安全でいられるかについて教えるための年齢相応な情報を提供している。そこでは、ビデオ、ゲーム、カード遊び、そして保護者、教育者、法執行機関向けの説明が紹介されている。
▶ www.cyber-safety.com
　オンラインで安全でいられるように子どもを助けることに専念しているウェブサイトで、安全の心得、ニュースに加え、ダウンロードが可能なネットいじめやネット・セーフティーに関する資料が利用できる。

ネットいじめ

■■■ ネットいじめとは

　ネットいじめは、ネット・セーフティーに密接な関わりがあり、インターネットを利用する際、若い人たちがおそらくもっともよく経験する問題である。HindujaとPatchinは、ネットいじめを「コンピューター、携帯電話、その他のICT機器の使用を通じて苦しめられる、意図的で繰り返し起こる被害」と定義している（2009, p.5）。Belsey（2004）は、ネットいじめを「情報やコミュニケーションのツールを用いて、人を傷つけることを目的にした個人や集団が故意に、繰り返し、敵意をもって起こす行動」と定義している（p.1）。

　ネットいじめの問題は、インターネットが人を傷つけたり中傷したりする目的で使われるようになった後に出てきたため、ネットいじめに関する調査や研究はまだ発展段階であるが、現象そのものの速さにはおそらく追いついていない。インターネットを利用することで、良い効果と悪い効果の両方があるのは当然であるが、携帯電話やオンライン対応機器、その他のICT機器が人をいじめるために乱用されている甚だしい状態は、保護者や若者、教育者たちにショックを与えることが多い。

　通常、学校の校庭や教室で起きることの多い従来型のいじめも、特定したり罰したりするのが難しかったが、ネットいじめは、攻撃の残忍性やひどさがさらに増しているとも言われている。またネットいじめは、媒体による匿名性の保持、いじめの集団効果によって、最初に行動を起こした人がはっきりしないことが多い。

■■■ ネットいじめの種類

　ネットいじめには次の7つの種類がある。

①罵倒：個人宛、またはオンラインのグループに対して、激しい、失礼な、野蛮なメッセージを送ること

②いやがらせ：攻撃的なメールを繰り返し相手に送ること

③中傷：相手に関するうわさ、有害で、不確かな情報を他人に送ったり、投稿したりすること

④ネット上のストーカー行為：有害な脅しを含む、または人をとても脅かすようないやがらせ

⑤なりすまし：他人になりすまして、相手が悪く見えるような内容をオンラインに投稿したり送ったりすること

⑥暴露行為、詐欺：相手をだまして情報（秘密や当惑するような情報）を送らせ、それをオンラインの第三者に送ること

⑦仲間はずれ：オンラインのグループ（インスタント・メッセージのリストなど）から故意にその人を排除すること

(Willard, 2007)

上記のようないじめは、次のようなツールを使って行われている。

①インスタント・メッセージや電話、②デジタルカメラや、より普通になってきたスマホ・携帯電話を使って、誰かの映像や画像を撮影する、③Eメール、④チャットルームやインスタント・メッセージの利用、⑤SNSのサイト（誰かのフェイスブックのプロフィールに口汚いことを書き込むなど）。情報通信技術が発達、変化すればするほど、ネットいじめに使われる方法も増える。

■ ■ 数字で見るネットいじめ

ネットいじめの出現率を特定する調査研究が多く行われている中で、蔓延率が問題であると提議するものもあれば、ネットいじめは頻度において他のいじめの形と同等であるという結果を出している研究もある。National Children's Bureau（国立子ども局）の委任を受けてアンジェラ・ラスキン大学で実施された最近の研究では、イギリスの若者のほぼ5人に1人（18.4%）がネットいじめの被害にあったことがあり、男子よりも女子の方がより被害にあっていると報告されている。回答をした3分の2（66%）の人が、ネットいじめを見たことがある、または被害者になったことのある人を知っていると答え、一見するかぎり、「他の誰か」に起きたと報

告するにはあまりに絶望的な数字である。さらに、ネットいじめを経験したら援助を求めるだろうと答えたのは、半数以下（45%）であった（O'Brien and Moules, 2010)。

　アメリカでは、12歳から18歳の生徒、706億6000万人を対象に行ったIndicators of Schools Crime and Safety（学校犯罪と学校安全の指標）の調査で、その年度内に学校でいじめにあった生徒が全体の28%、152億1000万人にも上り、6%が学校内と学校外でネットいじめにあったことがあると報告している（Roberts, Zhang and Truman, 2012)。

[訳注] 2012年度の文科省調査によると、小・中・高・特別支援学校における、いじめの認知件数は約19万8千件と、前年度（約7万件）より約12万8千件増加し、児童生徒1千人当たりの認知件数は14.3件（前年度5.0件）であり、そのうちパソコンや携帯電話等を使ったいじめは小学校で1,679件（1.4%）、中学校で3,700件（5.8%）、高等学校で2,401件（14.8%）、特別支援学校で75件（9.2%）、計7,855件（前年度より4,863件増加）で、いじめの認知件数に占める割合は4.0%（前年度より0.3ポイント減少）であった。（2012年、文部科学省）

■ ■ ネットいじめの恐ろしい現状

　ネットいじめを犯すのに使われる手段と同様に、ネットいじめの「争点」は複雑である。若い人たちは、ネットいじめのことを、デジタル世界で直面する大きな困難の一つだと述べている（Cross et al., 2009)。カルガリー大学で発行された論文の中に、ネットいじめの頻度が増す問題について研究をしたものがある。そこには、

　　Willard（2006）によると、ネットいじめの7つの種類に加えて、3つの関連した問題がある。それは、①インターネットを通して、生徒によって大量の個人情報が開示される、②生徒がインターネット中毒状態になっていて、オンラインで過ごす時間がかなり増えている、③うつ状態に陥る若者の中に自殺や自傷行為のグループが増え、自殺や自傷行為の情報を得るためのサイトに誰もがアクセスできる、である（Li and Lambert, 2010, p.4)。

　若者がインターネットを四六時中利用していること、ほとんどいつも誰かと関わったりコミュニケーションを図ったりしている事実は、ネットいじめがいつ起きてもおかしくないという状況を作り出していることを、被害者のみならず、加害者ならびに、その仲間や家族、傍観者、学校は知るべきだろう。インターネットやス

マホ・携帯電話を通してネットいじめが起きる場合、インターネットからの接続を解除することをためらい、人の言っていることに内密に関与したいと望んでいることが、被害者や傍観者を画面に固定させることになる。それは、いじめが続くようすを見、行動を起こす気もなく、またもっとひどい場合には、いじめを繰り返し再体験するという、おそろしい覗き見的なサイクルで、被害者はコンピューターの画面やスマホ・携帯電話上に残されたことばを通して苦痛を繰り返し味わうことになる。

■ ■ 傍観者の責任

　ネットいじめが起きるよく知られた場として、SNSがあげられるが、多くの聴衆はいじめを見ないようにするだけでなく、助長することを強いられる。いわゆる「傍観者効果」と呼ばれるもので、冗談を言ってただ気ままに時間を過ごしていると信じている人に対し、無意識にいじめに加担することを奨励するのである。

　オンラインの記述は感情や意図を読み取ることが難しいため、他人に加担することをけしかけている攻撃者が、いじめているのか、ただ冗談を言っているのか、非

常にあいまいな感じを与えてしまう。非言語的な手がかりが不足していることで、傍観者にとってはいじめが起きているのかどうか不確かなままになるだけではなく、被害者にとっても同じような状況が起きる。後から「ただ冗談で言ったのさ」と意図を撤回されることで、いじめられていたことに気づかない場合もある。もっと悪いのは、ネットいじめを経験していると確かにわかっているのに攻撃者の意図を証明できない場合である。

　さらに、ネットいじめには距離効果があるため、校庭や通常の状態で起こるいじめを目撃した人から聞き出すことのできる感情移入の反応が自然に現れてこない。人の痛み、不安、不快、恐怖感を感じると、いじめの影響に関して疑問を残さないし、少なくとも一部の生徒が助けようという気持ちになってくれる。恐ろしい行動が展開しているのを目撃した生徒たちは、もしそれに加担することを選んだらどのようなことが起きるかくらい明確にわかるが、ネットいじめではそれが当てはまらないことが多い。つまり、SNSのサイトでのいじめでは、被害者からの目に見える感情的な反応がわからず、そのいじめの行動を促すような意見を書くことは簡単であるため、傍観者たちはそのような行動を完全に理解しないままになる。

　同様に、いじめられている人の画像や映像を転送することは、ほんのワンクリックでできてしまう。若い人たちは無知によって自分たちの無実を守ることができ、結局、画像を撮った人でもなければ、最初の人に転送した人でもない、と言えるわけである。もしネットいじめに対して効果的に取り組むべきだと考えているなら、この傍観者の責任に関して、学校や自宅で教える必要がある。

　もし意見や画像、映像が「ウイルス的に」まき散らかされている事態が起きているなら、傍観者の影響というのは、ネットいじめを見ることになるであろう大勢の人たちのことを語ることになるかもしれない。ウイルス的に何かが起こるこの比較的新しい現象は、インターネットがいじめを何千、どうかすると何百万人の人たちに広げるための方法になっていることを意味する。

　このような屈辱の広がりを経験した後に自らの命を絶った若者たちに関する事例は、ネットいじめで起き得る危険性を確実に表している。人を傷つける行いは、教室の中や、もっと悪いケースではオンラインのSNS内だけで目撃されるのではなく、世界中の知らない人たちからも目撃されるのだ。もっとも人に知られたくない苦いできごとをばらまかれてみんなに見られたら、うつ状態や不安感、社会的疎外感をもったり、ひどい場合には自殺をしたりする可能性は大きい。

📶 女子と男子

　ネットいじめが男子よりも女子によって起こりやすく、男子よりも女子に与える影響の方が大きいかどうかに関しては、研究者の中でも意見が分かれるところである。男女ともにスマホ・携帯電話、インターネットを使うので、どちらもネットいじめを経験したり、それを犯したりする可能性はあると言える。たしかに、より多くの若者が、いわゆる普通のいじめよりもネットいじめのことで報告されることが多く、これは傍観者がいるからかもしれない。

　ネットいじめの中でも匿名性のあるものでは、人が直接言いにくいことを言ったり、やりにくいことを行ったりしやすい、という研究結果が出ている。匿名で行えるというこの特徴が、ネットいじめの今後の加害者だけでなく、人に対して行おうとしている脅し、あざけりなどの規模を増大する (Kowalski, Limber and Agatston, 2008)。

　Lenhart（2007）とSmithら（2008）は、女子の方がネットいじめに関わる割合が高いと主張する。おそらく女子は、オンラインで行いやすい方法、具体的には孤立させる、うわさやうわさのばらまき、または権限や支配を得るために人間関係を壊したり操作したりといった、比較的社会的／関係性的なやり方を選ぶ傾向があるからであろう。

　HindujaとPatchin（2009）は、女子のネットいじめは、時間的に男子よりも長く、被害者の写真をこっそり撮ってオンラインに投稿するなどといった、さまざまな方法を取り入れる、ことを明らかにしている。

📶 学校の問題

　以上に述べたことが、学校にとって心配な実態なのである。ネットいじめ独自の特質、起こり得る危険性、そして、事件が起きたのは学校か自宅かといったグレーな部分の要素などがあるため、教育者たちは困惑したり、関わることに用心深くなったり、解決の難しい多くの事例を抱え込んだりする。先述したように、学校には生徒の面倒をみる法的義務があり、あらゆるいじめに対処する責任があるが、多くのネットいじめは学校の敷地外や就業時間外に起きるために戸惑うことも少なく

ない。多くの学校が生徒のスマホ・携帯電話の使用を禁止し、ほとんどの学校所有のICT機器に必要なフィルター機能を搭載し、ネットいじめを防止するために役立てている。しかし、スマホや携帯電話を使ったネットいじめは学校の時間帯には起こらず、自宅で起こる問題が学校生活には影響を及ぼさないことに、私たちはだまされてしまっているのかもしれない。

　悪意のある屈辱的なネットいじめを受けている生徒は、学校に来ることに対して非常に恐れたり当惑したりしているだろうし、それによって授業に出そびれたり、感情的に取り乱して効果的に学習できなかったりすることも考えられる。この時点で、これは自然と学校の問題となる。

　それゆえに、教育者は自分の役目を十分に考慮する必要がある。学校時間内に起きたネットいじめや、生徒の学習に影響を及ぼすネットいじめに対処しなかったら、保護をしなかったことになり、学校のいじめ防止の方針にも反する。訴訟好きな社会において、学校は生徒を保護する必要があるだけでなく、学校として自らも守らなければならない。イギリスの教育省が出している「いじめに関する保護、対応」の指導要綱に、下記のような記述がある。

　　教務主任は、学校の敷地外で起きた生徒のよくない行動を取り締まる特別で法的な権限をもつ。2006年に施行された教育および監査法の第89条第5項に、教務主任は、生徒が学校の敷地内にいない時、また学校職員に法的な監督責任のない時間帯に起こした行いを取り締まる権限をもつことが明記されている（ただし、この法令は、私立学校には適応されない）。上記の内容は、学校の敷地外、つまり学校のバスや公共の乗り物、商業施設などの場所、町や村のセンターなどの至るところで起きたいじめにも対応する（2012, p.4）。

■■ 方針の見直し

　手始めとして、あなたの学校のいじめ防止の方針を見直し、そこにネットいじめに関する事項（どのようにしてネットいじめが起こるかなどの記述）が含まれていること、もし事件の報告を受けた場合、学校の取るべき対処について明確な説明が書かれているか確認することを勧める。将来、起こるかもしれない事故を防ぐことを目的に生徒を教育するために、授業でネットいじめを題材として取り上げることを、少なくとも、学校の方針に入れておくべきである。ネットいじめに関する授業計画は、本書の巻末に紹介しており、カリキュラム作成に役立ててほしい。

どのような形であれ、いじめが起きた場合には、保護者がいつ知らされ、関わり始めるのかについて明記しておく必要がある。また、いかなる事案も深刻なものと見なし、犯罪にあたるものは警察に報告をする旨、記述しておかなければならない。ネット上のストーカー行為やいやがらせなど、ネットいじめの一部は犯罪にあたり、法律によって罰せられる事実は注目すべきことである。

■■ イギリスやアメリカにおける法律

イギリスの1997年「いやがらせ防止法」、1988年「有害通信法」、2003年「通信法」、1986年「治安維持法」にはすべて、ネットいじめに関する内容が書かれている。

アメリカでは、州によって法律が違うが、ほとんどの州にいじめに関する法律が存在し、いじめは犯罪にあたるとしている。しかし、ネットいじめに関して特記しているところはまだ少ない。ネットいじめが、暴力的な脅し、子どものポルノ、性的にあからさまなメッセージや写真の送信、ストーカー行為、憎悪犯罪、プライバシーの侵害などに関係している場合は、罪とみなされる。

さらに、2009年のメーガン・マイヤー・ネットいじめ防止法には、「州内、国外を問わず、電子媒体を使った通信を通して、他人に対して過酷で継続した敵意のある行動を起こし、強要、脅迫、いやがらせを意図的に行い、相手に十分な感情的苦悩を与えた者には、罰金、または2年以下の禁固刑、またはその両方を課す」という規定が含まれる（United States Code, 2009, sec 3:881）。

イギリスでは、教育省によって出された政府の指導要綱に、ネットいじめへの対処に関しては学校が権限をもつとしている。2011年「教育法」に書かれている、より広い意味での捜査権力は、捜査・調査を行う上で特定の権力を行使することを含み、それによってネットいじめに対処する教師がより強い力をもつことができ、必要であれば、生徒のスマホ・携帯電話を含む電子機器から不適切な画像やファイルを削除することもできる（2012, p.4）。

[訳注] 日本では、2013年9月28日より「いじめ防止対策推進法」が施行され、そこにはインターネットを通じて行われるいじめへの対策推進、対応のあり方などが明記されている。(2013年、文部科学省)
http://www.mext.go.jp/a_menu/shotou/seitoshidou/1302904.htm

▨ ▨ 教職員に対する教育の重要性

　学校は、生徒を調査する意図、特にスマホや携帯電話、その他の機器の中にある内容にアクセスする場合の意図について、学校の行動規範の中に詳しく説明し、調査は必ず複数の教職員の手によって実行されなければならない。

　ネットいじめの個別の事例に対処するには、教職員は「誰が誰に何をしたのか」という複雑な網目をほどく努力をしなければならないため、地雷を踏む可能性がある。何がネットいじめにあたるのか、傍観者の役目やネットいじめの影響を生徒にわからせる教育を行うことはきわめて重要で、将来起こるかもしれない事案を防ぐのに大きな役割を果たす。

　ネットいじめの認識を高める研修会を実施するにあたって、学校カウンセリングのサービスや外部の機関を利用することは、被害者や加害者に必要な支援を行う上でも、また学校でネットいじめは受け入れがたい行為であるというメッセージを強化する上でも役に立つ。

　ネットいじめは、生徒だけでなく教職員にも及ぶ可能性があることを心にとどめておくことも大切である。教職員や補助教員がネットいじめ、非難、中傷の標的になる危険性は、若い人たちと同様、十分にある。だからこそ、方針や手続きは、学校関係者全員に支持されていることを確認するべきである。教員支援ネットワークと教員講師協会によって2009年に行われた調査では、教師の15%がネットいじめの被害者になったことがあるという結果が出ている（ATL, 2009）。

　イギリスのもっとも大きな教員組合であるNASUWT（National Association of Schoolmasters Union of Women Teachers: 全英女性教員校長組合）は、教員を対象に、ネットいじめに関して5日以上にわたる調査を行い、約100人の教員が、生徒による携帯電話やウェブ主体のサイトを使ったネットいじめにとても悩まされ、心的後遺症があると答えている（NASUWT, 2012）。

　ネットいじめからいかに安全に身を守るかについて教職員を教育することは、生徒に教育をすることと同じくらい重要である。教職員は自分の携帯電話の番号やEメールアドレス、その他の連絡先を生徒に絶対に教えるべきではない。また、SNS

のサイトを利用している教職員は、自分のプライバシーの設定を注意深く確認し、生徒や元生徒を自分の連絡先、または「友だち」リストに加えることを避けなければならない。実際、多くの生徒が、前向きな意図で、フェイスブックやツイッターで先生と友だちになりたがる。しかし、教員と生徒の適切な関係を混乱させ、他の教職員をネットいじめやいやがらせの危険にさらすことにもつながる。

　学校の生徒と「友だち」の教職員が、教員間のクリスマス・パーティーの写真をフェイスブックに投稿した場合の影響について考えよう。生徒が閲覧したその写真は、当該の教師の許可なく、またその写真の中に写っている他の人たちが、その写真が多数の目にさらされるフェイスブックに投稿されたことすら知らないまま、簡単にダウンロード、複写、共有されてしまう。

　あなたの学校の教職員が、自分たちのオンラインでの行動が及ぼす影響に関して、ほとんど理解をしていないことも考えられる。教職員がオンラインでどのようにコミュニケーションを図り、人と関わるかを学校が命令することは不適切であるが、危険や予想できる問題に焦点をあてて指導をすることは、教職員の認識を高める意味で役に立つ。

　昔から存在する問題として、いじめを学校や地域から撲滅することはなかなか難しいが、立てた目標に到達するために、それぞれの人が役割を果たすことが大切である。教職員への教育、方針や手続きの回覧、ネットいじめに関する内容の授業への導入、ネットいじめは一切許されないといった明確な姿勢を示すことで、あなたの学校は起こり得る事案に対してよりよい装備、準備ができ、またいじめが起きた場合には効果的な対処ができるであろう。

学校全体で取り組む
ネット・セーフティー

　学校全体に影響を及ぼすかもしれない問題が起きることを想定し、学校として、生徒だけでなく、教職員、評議員、保護者にもネット・セーフティーに関して教え、意識を高め、監督することを助言しておく。ネット・セーフティーに関する内容をただ授業に取り入れるだけでも生徒の理解を深める手立てにはなるが、それだけでは、教職員への教育、いかにして自宅における子どもの安全を守るかということに対する保護者の意識向上、教職員や生徒の学校におけるICT機器の使用状況の監督を行うことにはならない。

　ICTを不正使用することで起き得る深刻な事態を考えると、ネット・セーフティーに関する内容を、カリキュラムの中に、日々のインターネット利用の中で、そして、学校にすでに存在する方針や手続きの中にしっかり組み込むことによって、学校全体でネット・セーフティーについての調和のとれた一貫したメッセージを発信する必要があることが明らかになる。

🛜 学校の手法を採択する

　適切な方法と方向性をもって、学校関係者全員に効果的に伝わる、ネット・セーフティーに関する一貫した共通の理解を得るためには、学校としての方針を定めることが最初の一歩である。学校の方針は、ネット・セーフティーへの応答や対応における学校の姿勢を適切にまとめたもの、そして、学校中の誰にとってもわかりやすい、ICTに関する重要なメッセージを確実に伝えるものでなければならない。その方針は、作業文書として、ネット・セーフティーがどのように扱われ、促進され、教えられ、監督されるのかについての基本的なことが明記され、教職員、評議員、

保護者のための情報源となり、生徒にも適切な方法でその内容が閲覧、または伝達できるようにしておかなければならない。

　ネット・セーフティーに関する学校の対応は、作業を進めながら作り上げられるもので、1人の人間だけでできるものではない。学校全体として方針づくりや実践を行うには、学校全体の同意や理解を得ること、ネット・セーフティーの伝達と実践は個人の責任でもあり、共同責任でもあるということを確かめながら、学校関係者全員の方針であり、お互いに協力しあっているという感覚を得ることが必要である。

　ネット・セーフティーに関する学校の見解や姿勢を方策、文書として学校全体の方針に組み込んだら、今度はそれぞれのメンバーが方針を広め伝え、その内容に沿って行動をする番である。

　次ページの表に、教職員や評議員、生徒、保護者の一般的な役割をまとめてみた。

🛜 ネット・セーフティーに対する学校全体の 対応を作成する：学校の責任

　ネット・セーフティーの方針は、問題に対する学校としての対応の根本を形づくるものであるが、効果的な学校の手法というものは多面的で、学校の計画や組織のあらゆる部分に、確実に方針が取り入れられるようにすることが大切である。それには、カリキュラム、教職員のトレーニングや意識の向上、行動、規律、道徳的拘束力などが含まれる。また、学校の評議員、保護者といった、幅広い学校関係者にも携わってもらうことを意味する。

　ネット・セーフティーに対する学校としての効果的な対応を作成する上で、考慮すると理想的であると思われるさまざまな導入項目を次にあげる。

■■ ネット・セーフティーと学校改善計画

　もし学校がネット・セーフティーの問題に対する効果的な対処について徹底的に検討、評価しようとしているのなら、実行に向けた具体的な行動と時間の割り振りに焦点を当てながら、「学校改善計画」の中にネット・セーフティーを組み込むことを強く推奨する。

　そうすることで、問題を、学年主任やベテランの教師のグループによる、もっと

表6-1）ネット・セーフティーに対する学校全体の方針

	役目	
教職員		●方針を読み、それに従う。 ●学校のICT機器を教職員が適切に取り決め通りに使っていることを確認する。 ●教職員が個人の携帯電話などを適切に、また方針に沿って使っていることを確認する ●ICT機器を使う時はいつでも、ネット・セーフティーの主旨が効果的、適切に生徒に教え伝えられていることを確認する。 ●ICTの不正使用や乱用について目撃、報告が寄せられた時、方針に沿って行動する。 ●必要に応じて、子ども保護のための手続きを行う。
評議員		●方針の作成に貢献する。 ●方針が学校関係者全員に対し、効果的に伝えられ、広められていることを確認する中で協力をする。 ●方針の効果を効果的に監督、査定する。 ●生徒や教職員によって、または生徒や教職員に対して、ICTの不正使用や乱用に関する苦情が出たら、深刻だと思われる時、または正式な苦情としてあがってきた場合に耳を傾ける。 ●毎年、または必要と思われた時（新しいICTを学校が取り入れた時など）、方針を見直す。
生徒		●方針を読み、それに従う。 ●学校のICT機器を利用する時、方針に従う。 ●授業の内容を通して、ネット・セーフティーに関する意識や理解を深める。 ●必要な時（生徒会の時など）、ネット・セーフティーの方針を作成、監督する中で協力をする。 ●他の生徒に対して、ネット・セーフティーの重要な内容を広めたり、伝達したりすることに協力する（他の生徒のために、生徒会で印刷物をつくるなど）。 ●ICT機器の不正使用や乱用を、被害者として、グループとして、また目撃者として、教職員に報告をする。
保護者		●方針を読み、それに従う。 ●子どもが学校外でICT機器を使う場合、方針の要点やネット・セーフティーの大切な部分について子どもと話す。 ●学校がネット・セーフティーの授業を行うにあたって、支援をする。 ●学校に持って行くのにふさわしいとみなされるデジタル通信機器／ICT機器機器について知っておく。 ●ICTの不正使用や乱用があった場合、子どもが被害者であれ、集団の中の1人であれ、また目撃者であれ、教職員に報告をする。

も高いレベルで検討することができるであろう。そして、教職員のトレーニングやカリキュラムの開発などで協力をしてくれるであろう地域の有識者や企業、その他の専門家たちからも支持や協力を得ることができる。

■■ ネット・セーフティー担当者の指名

ネット・セーフティーに対する効果的で熟慮された対応ができあがったことを確認するために、特に「学校改善計画」の下書きをつくったのであれば、学校でのネット・セーフティーを調整する責任を負う教職員を指名することを勧める。また、いったん意識が高められ、生徒がICTを利用する上での責任や危険に関して教育を受け始めたら、ICTの不正使用や乱用に関する報告数が増えていく可能性があることを助言しておく。

子どもが深刻な訴えを、勇気を出して報告する可能性もあるだろう。そこでは、子どもを保護する本質を忘れてはならない。つまり、子どもがネット上で知り合った人と会った後に、性的虐待の被害者となるような場合のことを意味する。

それゆえ、ネット・セーフティーの担当者は、カウンセラー的な役職で業績や能力のある教職員であるべきである。担当者は一人ひとりの子どもや親の支援を行い、ICT担当者やその他の教職員と連絡を取りながら、方針の実行やネット・セーフティー開発などの特定の仕事を監査しなければならない。上層部のメンバーはこの担当者を支え、担当者は子どもの保護や特別支援に関わっている担当者が誰なのかを把握していなければならない。

方針が効果的に監査され、1年ごとに見直されることを確認するのも、担当者の役目である。また、保護者の意識向上や教職員の行動規範の啓発などの細々した仕事の実行にも携わる。

■■ 学校全体の方針を作成する

前述の通り、ネット・セーフティーに関する方針は、学校全体でネット・セーフティーを効果的、協調的に運用開始するために必要であるが、実行してこそ意味がある。優れた方針も、配布されず、監視されず、見直されることもなかったら、意味がない。

学校がネット・セーフティーの担当者を指名するにあたっては、学校関係者全員と協同して、その役目をまとめて方針の中に明記すべきである。

■■ 教職員の行動規範

　生徒が安全にICTを使うことを確認することは、パズルのほんのひとピースにすぎない。教職員がICT乱用の対象になったり、教職員自身がICTを（故意に、または無意識に）不正使用したりすることがあるかもしれない。

　教職員がネットいじめの被害者になったり、SNSのサイトに生徒を友だちとして招き入れたりすることが、ますます当たり前のようになっている。教職員の行動規範には、学校でのICT使用に関する責任について記述し、学校外における不適切な行動から教職員を守る方法を綿密に考えておこう。教職員の行動規範の例を付録（○ページ）に示しているので、参照いただきたい。

■■ 生徒の行動規範

　生徒の行動規範も同様に、生徒自身と保護者が署名し、学校でのICT使用に際して、生徒が気をつけるべきこと、学校外でのICTの乱用に関する学校の姿勢を明記しておくべきである。また、ネット・セーフティーに関する規則をつくって生徒に署名させること、もしくは、その規則を学校の各コンピューターやICT機器に貼ることも検討しよう。

　保護者が生徒の行動規範に署名することは、この問題の意識向上にも役立つ上、ICTの不正使用や乱用の問題に取り組む際の協力を得られることにもつながる。

■■ 学校の行動指針の改訂

　ICTの利用に関する新しい学校の規則を適用するために、学校の行動指針に、変更を加えたり、ICTの不正使用や乱用、その他の問題行動によるできごとについて言及された制裁内容を追加したりといった作業を確実に行うことが重要である。

　さらに、ネット・セーフティーの方針とともに、またはそれを参考にしながら、ネットいじめへの対処法、ネットいじめの報告の仕方などについても言及し、学校のいじめ対策方針の内容に沿ってネットいじめについて考慮することが大切である。

■■ 保護者の意識を高める

　先ほども述べた通り、保護者が、ICTの不正使用のほとんどは、監視されていない、またはフィルターのかかっていない学校外で起きていることを知った上で、ネット・セーフティーの重要性や自宅での子どもの保護の仕方を理解することが必須で

ある。

　多くの保護者は、子どもに比べると知識をあまりもっていないため、ネット・セーフティーとは何か、自宅でどのように子どもを守り教育するべきなのかについて、簡単なヒントを提供することが、事案を減らすのに役立つ。

■ ■ 学校内での意識を高める

　生徒に対して、継続的、かつ適切な意識向上や教育を行うと同時に、国の「いじめ防止週間」や「いじめ対策月間」「安全なインターネット・デー」などの特別な時に合わせて、ネット・セーフティーに関して大いに強調することを勧める。

■ ■ 教職員の役割を明らかにする

　生徒への教育が重要である一方で、全教職員がネット・セーフティーに対する意識をもち、授業の範囲内、教室、学校のあらゆる場所で、どのようにしてICTの不正使用が行われるのかを理解することが不可欠である。教職員は、教材として、研究や計画の手段として、ICTを利用する際には、学校の方針ややり方を理解していなければならない。

　また、ネット・セーフティーについては、生徒にとっても教職員にとっても、わかりやすく適切な指針が書かれているべきである。さらに、教職員は、学校のICT機器の利用、勤務時間内の個人のICT機器の利用に関しても、何が認められているのかを知っておく必要がある。

　具体的には、学校での個人のEメールへのアクセス、学校または個人の機器を介して不適切な内容にアクセスした場合の処分、ICTの利用を通して違法、または不適切な行動を起こした場合のこと、などである。

　逆に、生徒のICTの乱用によって、教職員が被害者になる場合もある。大人のための、苦情の申し立てに関する手続き、その

過程における支援も、生徒向けの明確な制裁や処分の過程と合わせて、必要になってくる。

　ネット・セーフティーは学校全体の問題であるが、学校の手段を確立するにあたっては、教職員の役割分担やさまざまな協力がいる。担任や専科の主任は、学校では生徒の携帯電話使用は禁じられているといった内容を伝えるなどの、学校の方針ややり方を生徒に周知する一般的な指導に加え、自分たちの授業範囲内で、または指導、学習の手段としてICT機器を使う時に、ネット・セーフティーの実行を考慮することが求められる。

■■ 各専科の主任の役割

　ICT、保健体育、学校カウンセラー、その他、生徒の身体と心の健康を見守る部門の主任たちは、生徒にネット・セーフティーの主旨を教え伝える上で、より確固たる責任をもつ。ネット・セーフティーの主旨が、ICTのカリキュラムに含まれていて、ネットいじめなどの総括的な内容についてもネット・セーフティーと関連づけて網羅されていることが必須である。

　ネット・セーフティーの主旨をしっかり理解させる機会を見逃してはならない。いじめ撲滅週間や安全なインターネットの日などといった時に、発表会や、集会、研修会、その他の企画を取り入れることは、大変有効である。

　学校の評議会、ピア・サポートグループ（仲間同士で助け合うグループ）などの協力を得ることも、ネット・セーフティーを促進するためには役立つ方法で、生徒にとってはより耳を傾けやすい仲間の声を用いて、生徒に大切な情報を伝えることは効果的だ。

■■ 学年主任、教務主任の役割

　学年主任は、ネット・セーフティーに関して、また安全なICTの環境を保つ上で、全般的な責任をもつ。したがって、ネット・セーフティーの意識向上、開発、配信において教職員を手助けするために、効果的な方針を調整、作成、促進することが求められる。教務主任は、学校の管理者と評議員の間をとりもち、その人が方針やカリキュラムの変更、開発について、きちんと連絡や相談を受けたかどうかを確かめる役目ももつ。

　教務主任や上層部のメンバー、ネットワークの責任者（各学校に１人置くべきである）は、教職員が安全に責任をもって機器を使っているかどうかを含めた、ICT

機器の管理にも責任をもたなければならない。また、学校のコンピューターに適切な監視フィルター機能が入っていること、学校のコンピューターに不正使用、不適切な内容が見られた場合の対応方法が明白であることを確認するのも彼らの役割である。

生徒の役割

　若い人たちはICTの利用に熟達、熟練しているので、ネット・セーフティーの主旨の作成、普及に協力することが、生徒たちの役割である。ICTの利用に関して教職員と生徒との間に何らかの矛盾が生じるとしたら、それは、教職員が、ICT利用の局面に関して生徒に教育したいと願うものの（例えば、SNSのサイトにおける安全や責任を生徒に教えるなどといった場合）、知識や意識が十分ではないといった理由が可能性として考えられるであろう。だからこそ、ネット・セーフティーを促進するために、仲間による教えがことのほか役立ち、効果的であるのだ。

　特に、若者は仲間から言われることをよく聞き、理解するといった傾向をもつ。話をしてくれるその仲間は、ICTの重要性をわかっていて、自分と同じようなやり

方でICTを使っているということを認識しているからである。

　ICTのことをあまり理解していない、または生徒たちとはかなり違ったICTの使い方をしている教職員たちがネット・セーフティーを教え、生徒がそれにあまり関心を寄せないという危険が考えらえる。もちろん、ICTのことをあまり、またはほとんど理解しておらず、教職員研修で習った重要点を強調しながら、ネット・セーフティーへの対応を教えることに苦労している教職員がいることも事実である。

　学校の生徒会やサポートグループの仲間は、一般的に学校内で責任も認知度も高く、自分たちの仲間に対してわかりやすいレッスンや発表をするのに最適である。このような生徒たちは、教職員とも協力しているので、集会や研修会だけでなく学校中で、レッスンを考案、実施することができる。生徒側の企画者として、生徒向けのパンフレット、ポスター、情報冊子などを考案したり作成したりしてくれるかもしれない。

　またこういう生徒たちは、ICTの不正使用や乱用が起きた時の報告や、報告をする際に生徒が利用できるさまざまな方法についての紹介を、ICT自体を介して、生徒たちに伝える立場としても適している。最近は、ネットいじめ、性的虐待、オンラインの有害な内容などを、公の機関に直接報告することもできる。

🛜 保護者の役割

　取り上げられている問題に対する学校での取り組みや活動に保護者の協力を得ることは、学校と同様、自宅でも一貫した情報を生徒に伝える上で重要である。ネット・セーフティーに関して言うと、学校のコンピューターはフィルターや監視機能のソフトが入っていて保護されているが、自宅ではそうはいかないことが多い。また、今や多くの子どもが、インターネットへのアクセスが可能なスマホ・携帯電話を所有しており、学校の外で有害で不適切な内容に簡単にふれることが可能となっている。

　多くの大人と同様、多くの保護者も子どもや若者と同じようにはICTを使っておらず、ICT機器の利用や作動の仕方についての理解が不足している。そのような状態であるがため、考えられる危険や被害からどのようにして子どもを守ればよいのか、個人の責任や安全についてどのようにして徐々に教えていけばよいのかが、保護者にとって難しくなってきている。

巻末の付録（169ページ）に、保護者向けのアンケートの例を入れている。これは、保護者自身のICT機器の利用、そして子どものICT機器の利用について、保護者の見解と認識を得るためのものである。生徒へのアンケートの例（167ページ）も合わせて付録に入れている。これにより、保護者と生徒のICT機器の使い方には違いがあり、保護者が考える子どものICT機器の利用の仕方と、実際の子どもの回答は一致しないという結果が出るかもしれない。

　アンケートの結果は、学校が、より効果的なネット・セーフティーの企画を行うのに役立つであろう。もしアンケートが定期的に行われたら、安全、責任ある行動における向上を見ることができるし、保護者に意識の向上に関する発表の場を提供するなどといった、異なった手段をどこでどのように設定するかという方向性を示すこともできる。

ネット・セーフティー
の対策づくり

　ネット・セーフティーに対する学校全体の対策をつくる上で中心となるのは、ネット・セーフティーの方針である。

　多くの学校は、ICTの利用、特に生徒のインターネット利用に対する学校の姿勢を形にする方法として、インターネットに関する方針や、ネットワークを利用する際の利用目的を制限する規則をすでにもっているかもしれない。しかし、ネット・セーフティーとは、インターネットだけでなく、携帯電話やワイヤレス通信機器などのさまざまなツールを含む、かなり幅広い責任範囲を意味する。

　また、ネット・セーフティーの方針は、ただ危険を最小限にする方法や生徒の行動を監督する方法だけではなく、教職員に関する事がら、さらには自宅でもネット・セーフティーを広めるにあたっての保護者の重要な役割も強調しなければならない。また、ICTの不正使用や乱用が起きた場合の対処方法やタイミングを、その他の学校の規則（子どもの保護、いじめ、行動管理に関する規則など）と明確に関連づけながら文書化することに加え、ネット・セーフティーの意識を高め、学校全体に広めるために、計画的、または予防的な方策にも焦点を当てなければならない。

　ネット・セーフティーの方針は、ネットワーク利用目的の制限など、その他の類似した規則を網羅し、内容の重複を避け、学校として一貫した、調和のとれた内容が書かれている旨、確認することを勧める。

📶 方針の概要

　ネット・セーフティーの方針は、学校のニーズや事情を考慮して、作成されることが大切である。もっとも重要な項目をおさえるために、まず手本や決まった型（テンプレート）を使うのもよいが、学校の多様で異なる特徴、使えるICT機器の種類や生徒のICT利用具合などを考えると、個別に方針をつくることを推奨する。

　その際に考慮すべき点を次にあげる。

- 授業の一環として、学習や指導の手段として、そして個人の目的として、生徒はどのように学校でICTを使っているか？
- ICTの不正使用の事例が、最近起きたか？
- 学校外で起きたICTの不正使用や乱用の事例が、学校の問題となったか？
- 当校では、教職員がネット・セーフティーについて、完全に理解をし、高い意識をもっているか？
- フィルターをかける最新のソフトウェアなども含めて、学校では誰がICTの利用を監視するのか？
- 学校で誰がネット・セーフティーに関して先導するのか？
- ネット・セーフティーの方針をつくるにあたって、誰が関わる必要があるか？
- 保護者は、ネット・セーフティーに関して十分理解しているか？
- 学校内、学校外でICTの不正使用や乱用が起きた場合の対応の仕方を、現在、教職員は理解しているか？
- ネット・セーフティーの教育、意識向上、支援の中で、どこに一番ニーズがあるか？
- 現在、教職員は、生徒のICTの不正使用や乱用によって標的となってしまった場合に、きちんと保護されるような体制になっているか？
- 教職員が、学校内でICT機器を使う場合、また学校外で生徒や保護者とコミュニケーションを図る場合の行動規範について理解しているか？

ネット・セーフティーの方針に含めるべき項目

■ ネット・セーフティーの定義

　定義は理解が容易で、明確、正確なものでなければならない。また、ICTに関する専門用語などを入れないようにする。（例：インスタント・メッセージのことを記述する場合、説明もなしにIMと書かない、など）

■ 方針の目的

　ネット・セーフティーの方針がなぜつくられ、どのような項目が含まれるのかをわかりやすく記述する。

■ ネット・セーフティーが重要である理由、関係者への影響

　ネット・セーフティーの重要性と、それが生徒、教職員、保護者にどのように影響するのかを明記する。子どものICTの不正使用や乱用によって起きる可能性のある危険に関連づけて説明する。

■ 学校でのICT機器の利用

　学校でICTがどのように、なぜ、どのような目的のために使われるのかを明らかにする。ICTが特別な目的のために学校で使われることを明確にすることから始める。

　つまり、指導や学習を高めるために使い、学校関係者全員がICT機器を使う際、学校のきまりに従うことが求められていることを記す。またこの項目には、子どもの学校外でのICTの使い方、学校内での利用との違いについても明記するとよい。

■ その他の方針に関して

　ネット・セーフティーの方針は、学校の他の方針、規則（子どもの保護、いじめ防止、行動規範に関するきまり）を参考にし、関連づけが行われている。各方針に書かれている内容が一貫しているかどうかを確認することが重要である（例：ICTの不正使用やネットいじめに関する制裁の手続きは、よくない行動の類似した例とみなして、一貫していなければならない）。

■ 指導と学習

　この項目では、なぜ、またどのようにネット・セーフティーを生徒に教えるかについて明記する。

　それには、ネット・セーフティーを教えるにあたって、誰がその計画を立てるのか、ネット・セーフティーと他のカリキュラムにおける類似した話題（イギリスの学校にあるような人格・社会・健康教育［日本の道徳、保健教育のような授業］などといった授業の中でネットいじめを扱うなど）との関連づけはどうなのかについてもふれるべきである。

　また、学校中でネット・セーフティーを徹底させるために用いる付加的な方法（集会、研修会、外部の組織、ネット・セーフティーの行動促進キャンペーンなど）や、適切であれば全教職員のためのICT利用に関する学校の規則も記しておくとよいだろう。

■ インターネットへのアクセスに関する管理

　学校が安全で責任のある行動を生徒に教えるにあたっては、インターネットへのアクセスを制御・管理することと、利用に際しての規則を設定することの間で適切なバランスをとらなければならない。

　前述の通り、インターネットからの好ましくない情報に対して、ただ遮断し、フィルターをかけたり、学校への携帯電話の持ち込みを禁止したりするだけでも、事故が起きる危険性を最小限にできるかもしれない。しかし、子どもが学校外にいる時、またインターネット接続可能な携帯機器を使う時には、ほとんど守ってやることができない。

　この項目には、教職員と生徒の両方のために、ウェブ上で画像を公開する時の注意事項、学校のウェブサイトやEメールの適切な使い方などの内容とともに、個人のEメールのチェック、SNSへのアクセスなどの、インターネットへのアクセスを必要とする特定の事がらについても明記しておくべきである。

■ その他のICT機器に関する管理

　上記の項目と同様、ネット・セーフティーの方針に、他のICT機器が学校でどのように管理、利用されるかについても記述しておく。

　他のICT機器には、デジタルカメラ、スマートボード（電子黒板）、ビデオカメラ、

携帯電話、そして、教職員が所有する個人の携帯電話やカメラなどが含まれる。ここには、学校内で、教職員や生徒は、何を使うことが許され、何が許されていないかをはっきりと書いておくべきだ。

■ ネットいじめ

学校が対応しているICTの不正使用や乱用による事案の多くはいじめに関するもので、いじめ対策方針と一致した内容で、または複写の形で、ネットいじめに関する特別な項目をネット・セーフティーの方針の中に別個に設けることを勧める。

そこには、ネットいじめの定義、ネットいじめが起きた場合の報告や調査に関する学校の姿勢、そしてネット・セーフティーなどと関連づけてネットいじめを防ぐためにどのように取り組んでいくかといった内容を含めるべきである。教職員もネットいじめの被害者になる可能性があることも記しておこう。

■ アクセスの権限

ここには、学校内でのICT利用に関する、教職員の行動規範、生徒の行動規範、保護者の同意書に関する詳細を載せる。

■ ネット・セーフティーに関する事案への対処

この項目には、生徒や保護者、教職員が、ICTを介して起きた危険、不正、いじめなどの事故や苦情を、どのように、誰に報告するかを明確に記す。

教職員のところに報告に出向く自信のない生徒には、ピア・サポーターや生徒会など、別の選択肢を生徒に与えることも必要である。また、起きた事故がどのように調査、報告されるかといった情報も含める。教職員には、学校として一貫した対処ができるよう、従うべき特別な注意事項についても書いておく。

ネット・セーフティーの問題は子どもの保護に対する懸念にもつながるため、子どもの保護に関する手続きについても関連づけておこう。

■ 教職員の役割と責任

教職員の行動規範とも関連づけて、教職員がICTの不正使用を行わないという責任事項を含めて、全教職員の責任を明確にする。

全教職員は生徒とコミュニケーションを図る、そして生徒を教育する目的でICT機器を使う場合の、プロとしての確固たる責任を十分理解していなければならない。

また、ネット・セーフティーを実行したり方針を広めたりするための教職員教育の詳細についても明記する。

■ 方針の取り入れ方

ここには、方針が学校全体でどのように取り入れられるのか、そのための時間的な割り振りを明記する。もっとも重要な項目に関しては、生徒や保護者向けのわかりやすい資料をつくるのもよい。

■ 監視、査定、見直し

いつ、どのように、また誰によって効果が監視され、いつ見直しをするのかについての情報を記す。ICTの変化や進化の特徴を考えると、見直しは1年おきに行うことを勧める。

🛜 ネット・セーフティーの方針を書く

ネット・セーフティーに対する学校全体の責任を遂行するには、まちがいなく学校全体の努力を要する。

ネット・セーフティーの方針を書きあげることも、事の複雑さや、ICTの不正使用や乱用の被害者、加害者となっている若者に起こり得る深刻な事態を考えると、1人の人物の責任内で行われるべきではない。

1人の人間の見解は、疑いの余地なく限りがあるため、どのようなネット・セーフティーの問題が学校で起きているのか、それをどう扱っていく必要があるのか、いきわたった観察の目をもつことができない。

■■ 作業部会を作る

効果的な方針やネット・セーフティーへの対処について書きあげ、発展させていくための作業部会を学校の範囲を越えてつくることは、さまざまな関係者の専門性や経験を得ることができるため、理想的な始め方であると言える。作業部会には次のような種類が考えられる。

- ●校長や教頭、教務主任などの管理教職員
- ●カウンセラーなどの専門家
- ●ICTカリキュラムの責任者
- ●評議員の代表
- ●保護者の代表
- ●生徒の代表（生徒会の役員など）
- ●ICTネットワークやコンピューターシステムの責任者

その地区の教育委員会にも、あなたの学校のネット・セーフティーに対する取り組み、普及を支持する関連職の人や専門家が存在するかもしれない（ICTアドバイザー、ネットいじめの専門家、その他ネット・セーフティーに関する専門家など）。

■■ 生徒の意見を聞く

若者と大人のICTの使い方には一般的に違いが見られることから、どのようにICTを使い、何のために使い、ICTの不正使用や乱用に関する体験談など、生徒の見識や経験を聞くことも大切である。生徒会に相談をしたり、生徒へのアンケートを実施してもらうなどして学校全体でより集中的な調査を行うことに対して協力をしてもらうのもよい。

生徒へのアンケートの実施は、ネット・セーフティーに対する特定の、または目標とする対応をつくる上で、どのようなネット・セーフティーの問題が可能性として学校に存在するかを確かめるのに非常に役立つ方法である。

■■ 保護者の意見を聞く

先ほども述べたように、生徒の見識や経験を聞くことに加え、保護者のネット・セーフティーに対する理解やICTの利用について調査をすることも有益である。

方針をつくる作業部会に保護者の代表を招くことにより、家で子どもをよりよい方法で助けるために、ネット・セーフティーに関してどのような形で支援や教育を必要とするかといった、保護者のニーズを明らかにすることができるし、意見も聞くことができる。

学校でのネット・セーフティーのカリキュラムや目標としている成果を知らせるために、保護者向けのアンケートを実施することは、子どもが家でどのようにICTを利用しているかを知る上でも有益である。

Part.1
デジタル世代のためのネット・セーフティー

事案への対応

　ICTの不正使用や乱用に関する事案への対応は、複雑で時間がかかることもある。他に何かよくない行動が見られなかったか、ICTの不正使用・乱用について考えられる細かい事がらなど、事案を徹底的に調査することが重要である。全教職員とコミュニケーションを図り、報告、調査、記録、監督の部分で、明確で一貫性のある方策をつくることを奨励する。

　一貫性を確かなものにするために、このような過程を取り仕切ったり、カリキュラムを含む全体的なネット・セーフティーの教育を展開させたりするための主要な教職員を1人指名するとよいだろう。この場合、補助要員を含む全教職員が、ネットいじめが起きたりネット・セーフティーに関する懸念がもちあがったりした時に、その主要担当者に報告することを知っていなければならない。

　生徒は心配ごとがある場合、どの教職員に報告してもよいということを知っておくべきだ。子どもというのは、一番近寄りやすい人や親しくしている人を選んで心の内を打ち明ける傾向がある。こういう時の相手は、ベテランの教職員や事案を最初に報告すべき教師ではないかもしれない。学校の守衛や用務員、看護師、図書館司書などの人が、最初に報告を受けることもある。したがって、すべての教職員が方針や手続きについて理解していることが大切である。

　「打ち明けやすい雰囲気」をつくることが重要であり、それには時間がかかる。生徒たちは、密告者だとレッテルを貼られたり、もっと悪いケースでは、自分たちが次には被害者になったりするかもしれないことを恐れて、大人に情報を開示することを警戒してしまう傾向がある。

　同様に、たとえ被害者でなくても、オンラインの危険な行動による事案の性質から、罰せられることを恐れる生徒もいる。オンラインで知り合った男の子（と思っていた人）に会い、結局は大人の男性の性的行為の被害者になってしまった女の子は、両親や学校から責められることや、ことばによってさらに窮地に陥ることを恐れたり、加害者からの脅しによって沈黙を保とうとしたりするかもしれない。この

ような恥ずかしさ、狼狽、恐怖感により、多くの若者が、自分の身に起きたぞっとするような経験を秘密にしたり、うつ状態、罪悪感、怯えを経験したりする。

保護をする立場の大人として、進め方の中にバランスを取りながら、ICTの危険性に関して、オープンで誠実でなければならないし、被害にあった子どものために、潔白であることを伝えていく義務がある。

生徒にさまざまな報告の選択肢を与えることにより、ネットいじめやネット・セーフティーに対する心配ごとがきちんと報告される可能性が高まる。報告の手段として、学校カウンセラー、ピアサポートグループ（もしこのようなグループがきちんと運営、監督されているなら）、目安箱を通して、またはオンラインを使った方法も考えられる。

同じく、インターネットのサービス・プロバイダーや携帯電話のプロバイダー、インターネット上での子どもの安全を守るための組織（イギリスにおけるCEOP: Child Exploitation and Online Protection）など、生徒たちに外部の相談組織を利用するよう勧めることも有効である。

アメリカでは、若い人たちは、インターネットや携帯電話のサービス・プロバイダー、警察などに直接報告をするようになっている。生徒が、直接誰かに会って話すのではなく、Eメールで報告ができるよう専用のアドレスを設定している学校もある。

📶 方針や手続きへのアクセス

報告がいったん明るみに出たら、学校は、加害者に対する行動上の制裁を行ったり、被害者を保護したりして、迅速かつ効果的に対処をすることが必須である。

学校カウンセラーや、もし必要と見なされれば、青少年センターや児童相談所の

人たちの協力を、理想的には保護者の支持を受けた上で、仰ぐべきである。もし生徒が、うつ状態、ひどい苦痛、不安による不登校、または自殺願望などの精神健康上の問題を抱えている場合は、外部の組織に委託することも必要である。

すぐに連絡がとれるように地域の組織や支援サービスの連絡先をリストにしておくことも役に立つが、いかなる照会も、子ども保護の原則に従って、学校で指名されている安全対策担当者によってなされるべきである。学校として信憑性のある調和のとれた内容を発信できるよう、学校の各方針は一貫していることを確認する作業が重要である。

子どもを保護する方針にはネット・セーフティーに関する事案について明記されるべきであり、またネット・セーフティーの方針には、（もし学校に存在する場合）安全保護に関する問題対処の方法が書かれた子ども保護の方針を記すべきである。保護者や生徒、教職員が学校の行動規範を理解し、不適切な行動やいじめがあった時の対処や制裁についても正しく認識できるよう、学校のネットいじめや不適切な行動に関する方針にも一貫性が求められる。

📶 調査と記録

いじめ対策、ネット・セーフティーの方針には、事案がどのように調査され、記録されるかについても明記し、その責任は事案の報告を受けた教職員にあるのか、その上司にあるのかについても明確にしておかなければならない。

各事案に対処するにあたり、明確で一貫性に富んだ方法を取り入れることによって、次にあげるような場面での矛盾を回避することができる。

- 目撃者を含む、すべての関係者に面談を行う
- 生徒、目撃者、その他関係者からの調書を取る
- 必要に応じて、資料や証拠の書類のコピーを差し押さえる。これは細心の注意を払いながら、携帯電話の保存された画像などの資料を差し押さえるなどの例が考えられるが、あくまでも、学校の行動規範にそのことが記されている、または最低2人以上の教職員で行える場合に限る。ネットいじめの場合は、学校がオンラインの会話を証拠として印刷するということも考えらえる。
- 必要に応じて、照会を行ったり、制裁を施したりする

- 必要に応じて、生徒の記録に書き込む（制裁を受けたことなど）
- 必要に応じて、保護者に連絡をする
- 必要に応じて他の教職員に知らせる（これ以上の事件が起きないよう生徒をよく観察してほしいと担任に伝える、子ども保護局に外部での支援を要請するなど）
- 関係者を監視するための方策を立てる。生徒や保護者とフォローアップ（事後追跡）のための会議を行う、必要に応じて、被害にあった生徒が、その後無事であることを確かめるために教職員と気軽に会って話をするようなシステムをつくる、など。

　調査、その後の手順を踏むために使う方法は、報告された事案の性質によって、自然に変わってくる。オンラインで性犯罪を犯した者や被害者となった子どもに対しては、フェイスブックでからかいを受けた子どもの事例とは明らかに違う対処をすべきであり、子どもの虐待に関する事件は、ただちに警察や児童相談所、保護者、そして外部の他の関連組織の協力を仰がなければならない。しかし、すべての事案を、慎重に、また同じ調査手順で取り扱うことに変わりはない。

　生徒の記録をコンピューターで管理する学校が増えている。これは、教職員が生徒の行動パターンやいじめの傾向を特定したり、制裁が与えられた時など、さらに深刻な結果（退学など）を求めたりする上で意味をなす。コンピューターを使って管理していない学校は、生徒の記録の中で、特定事案について一貫してまとめられていることが大切である。

　生徒が、極端に、または引き続き悪い行動を起こす場合には、停学や退学といった処分を課すことも、学校を守る上で必要な時がある。そのような場合、保護者は子どもが起こした過去の加害行為の明確な記録、今回の事案に関する明らかな記述、調査の結果、処分に至った経緯を閲覧する権利がある。

監視と見直し

　子どもの福利や行動に関していかなる問題が起きた時も同様に、被害者が必要な支援をきちんと受けていること、繰り返し被害にあっていないこと、加害者が受けた制裁を遂行し、加害行為を繰り返していないことを確認する監視体制が必要であ

る。

　生徒の監視には、「やわらかい」非公式なやり方（学校の廊下で立ち話をする、担任がようすを伺うなど）から、より公式な手続き（教職員、生徒、保護者、地域の組織からの代表が、前もって予定を決めて会うなど）まで、さまざまな形がある。

　巻末の付録に、子どもがネットいじめやICTを使った不適切な行動に関わり、学校のネット・セーフティーの方針に反することを保護者に説明するための書類の文例を載せている。この文書は、保護者をその後のミーティングに呼ぶ場合、外部の組織に協力を要請する場合などの場面に応じて、改変して使うことができる。

🛜 性とインターネット：事案への対応

　若者のICTの利用と、性的行動、性的虐待、性欲化行動・搾取の増加には、明らかな関連がある。SNSのサイト、チャットルーム、テキスト・メッセージ、カメラ内蔵の携帯電話などのツールによって、人は友だちや知らない人たちとコミュニケーションを図り、その結果、意識的、または偶発的に性犯罪に巻き込まれる事態が、いとも簡単に起こるようになった。

　イギリスの国立子ども虐待保護協会（National Society for the Prevention of Cruelty to Children）は、性的虐待が増えている問題を報告している（NSPCC, 2010）。イギリスのチャリティー団体、ヤングヴォイスは、子どもや若者の性的虐待の経験に関する調査を行ったところ、11歳から19歳の回答者の10％が、何らかの性的な行為を強要され、15％が望まないのに身体を触られた経験があるという結果が出たことを報告している（Young Voice, 2008）。

　アメリカでは、学校での性的虐待やいやがらせが、大きな懸念となっており、多くのティーンエージャーにとって、毎日の学校生活の中でそれが当たり前のようになっている。全米大学女性協会（American Association of University Women）が行った研究では、調査対象の48％の学生がその年度に性的ないやがらせを経験し、30％はインスタント・メッセージ、Eメール、フェイスブックなどのインターネットによるいやがらせを受けていると答えたという（Hill and Kearl, 2011）。

　幼い子どもによる性的なメッセージや性的行動の増加と、インターネットへのアクセスが広がっているという事実が重なり、性的虐待、性的ないやがらせ、といった無秩序な危険が増している。

若者が裸の写真や挑発的で性的な画像をインターネット上に載せたり、性的テキストに関わったり、またわいせつな画像を閲覧したりする数が増えるにつれ、生徒は性的に恥をかくようなレッテルを貼られ、無差別な標的となるため、その生徒の行動が「いじめ」につながっていく可能性が増加する。そのレッテルとは、「あばずれ」「ふしだら」、もっとひどい場合には実際の画像が学校中にばらまかれたり、何千人という人たちが見る可能性のあるウェブ上に公開されたりする。

　性的ないじめはそれ自体が大変深刻で、より危険な状態や有害な虐待の前ぶれにもなり得る。もっとも深刻なケースでは、子どもたちが小児性愛者の標的となることもある。

　ICTがさらに普及し、利用される中、若者たちが援助や効果的な性教育、人間教育を受けないままの状態で、性的で不適切な行動をしているにも関わらず、学校側がそれに対処する準備ができていなかったら、いじめ、いやがらせ、虐待などのきわめて深刻で心を痛める事態がこの先に起こり得る可能性は極めて高いものになるであろう。

　学校の敷地内で起こる、手に余る性的なメッセージのやり取りや、性的内容に関わるネットいじめ、不適切な画像、映像、わいせつ文書の閲覧、共有、創作など、性的な問題に関わるネット・セーフティーを管理するための方法を、学校として検

討する価値はある。子どもの安全を脅かす深刻な問題と同様、子どもの保護に関する手順も必要と見なして備え、この先深刻な事案が起こらないような対策を講じるべきである。

　具体的には、学校内で容認できない行動に関する意識向上をめざす研修会や、いったん画像や映像をオンラインに掲載してしまったら二度と取り戻したり削除したりすることができないといった、長い目で見た時の個人に対する影響について教える場などがそれにあたる。

　教職員が、生徒の携帯電話やその他の機器の内容を見せるように要求したり、いかなる形でも性的な画像を没収したりする時には、非常に慎重に行わなければならない。性的な内容を含む事案の取り扱いもことのほか注意深く行い、生徒が1人で、性的に不適切な行為に巻き込まれるような他者と会いに行くことを防ぐ時には、必ず警察に相談すべきである。

　過度に警戒しているように見えるが、思慮深くいることで、子どもたちに起こるかもしれない、この先の仕事や人生に悪い影響を及ぼす可能性のある行為や危害を避けることができる。

　この先、子どもを守る上で不適切（例えば、性的虐待の犯人が保護者や家族である場合）とみなされない限りは、性的に不適切な内容を含む事案に関しては、すべて保護者に報告をすべきである。地域の福祉センターや青少年センター、児童相談所などの機関は、性的行為、性的虐待、いやがらせ、インターネットによる被害に関する事例を防止したり、それに対応したりする中で、学校に助言や援助を提供することも一つの役目である。

Part.2

ネット・セーフティーカリキュラム

Part.2
ネット・セーフティー
カリキュラム

 授業の課題

　若者たちが一律にアクセスすることのできる巨大な力をもつツールについて十分理解し、ICTを利用するにあたっての肯定的な面と否定的な面を明確に把握するまで、学校も家庭もネット・セーフティーに関する問題や懸念に対して悩まされ続けることであろう。

　それゆえに、ネット・セーフティーの授業は必須であり、生徒の自覚、心の働きに対するコントロールの方法、客観的な思考能力、安全に対する意識、道徳的・社会的・個人的な判断を育むのに役立つ。

　ネット・セーフティーの問題に取り組むために、これから4つのテーマに沿って、20の課題を紹介する。その4つのテーマとは次の通りである。

> **1** デジタル世代のコミュニケーション
> **2** 安全でいるために
> **3** ネチケット（ネット上のエチケット）
> **4** ネットいじめ

　これから紹介する課題には、オンラインの内容をすべて信用してよいのか、どのような情報が個人的、私的なものにあたり、人と共有してはいけないのか、オンラインで他人と安全に話をする方法、チャットルームやSNSのサイトで不愉快な思いをした時にはどうすべきなのか、などを検証している。

　また、「一斉に友だちをつくること」による影響、つまり、SNSのサイトで「友だち」

や連絡先として誰かれかまわずに招き入れること、ICTを使ってどのように情報を共有すべきなのか、についても論じている。

　最後に、ネットいじめ、問題の定義、検証、理解に関してもふれており、もし何か事件が起きた時にはどのように何をすべきなのか、私たちの誰もが知らないうちに傍観者やいじめる側になり得る、といった内容を説明している。

　これらの課題は、特に高校生を中心とした若者たちを対象につくってある。しかし、もう少し年齢の低い子どもたちのために簡単に修正のできる内容である。

　指導者は、学校の規則を尊重し、それにならい、生徒に対してはオープンで正直な気持ちで参加することを奨励しながらネット・セーフティーの授業を進めるとよい。

　生徒が各授業で習ったことを忠実に守り、「やってよいこと」「やってはいけないこと」をきちんと理解していることを確かめるために、最初の授業では、今後の授業のためにも、クラスの約束(誓約書)を作っておくとよいだろう。紹介する課題は、教室外、例えば放課後教室、非公式な子どもの集まりなどにも使える。

① なぜコミュニケーションが 必要なのか？

必要な資料	大きなサイズの紙、ペン
学習の目的	21世紀におけるコミュニケーションの方法を、肯定的な面、否定的な面を特定しながら考える。 なぜ人はコミュニケーションを図るのか、コミュニケーションの方法はどのように変わってきたかを調べる。

　最初のネット・セーフティーの授業では、いろいろなコミュニケーションの形をあげ、それぞれのよい点、危険な点を考えるところから始めることを生徒に説明しよう。

　生徒を約5～7人の小さなグループに分ける。各グループに、大き目の紙と何本かペンを配り、さまざまなコミュニケーションの形について考えを出し合い、5分以内にまとめるよう指示する。現代の形としては、Eメールやインスタント・メッセージなどがあげられることを、最初に例として説明するのもよい。

　5分ほどたったら、各グループで出た結果をクラス全体で話し合う。出た回答の中で、どれが新しいコミュニケーションの形、または旧式のコミュニケーションの例と考えられるかを生徒に質問してみよう。

　電報や伝書鳩などの大変古い時代のコミュニケーションの方法を書いた生徒はいただろうか？

話し合う内容

●なぜ人間はコミュニケーションを図るのか？

●電報やポケットベルといった旧式のコミュニケーションの方法は、なぜあまり使われなくなってしまったのか？

●毎日、何百万というEメールやインスタント・メッセージが世界中で送受信されている。なぜこのようなインターネットの機能をこんなに多く取り入れるようになったのか？

② コミュニケーションを図る利点

必要な資料	ワークシート１・コミュニケーションの形、付箋紙 ┊ →130ページ
学習の目的	21世紀におけるコミュニケーションの方法を、肯定的な面、否定的な面を特定しながら考える。 どのような状況でインターネットの不正使用が起きる可能性があるかについて、生徒の認識を育て始める。

　　生徒を小さなグループに分ける。ワークシート１（コミュニケーションの形）に書いた項目（ラベル）を使い、コミュニケーションの各方法の便利な点、不便な点をなるべくたくさん考え、それを付箋紙に書き出し、それぞれのラベルに貼るよう説明する。

　　例えば、Ｅメールの場合、便利な点は素早く無料であること、不便な点はインターネットに接続しなければならないこと、などがあげられる。

　　できることなら、２色の付箋紙を配り、便利な点と不便な点が一目でわかるようにするとよい。

　　グループ作業が終わったら、クラス全体で、次の項目について話し合おう。

話し合う内容

● 便利な点が不便な点よりもたくさんあったかどうか？
● どのコミュニケーションの形を使うのがよさそうか？
　・友だちに質問をする時
　・担任の先生に、学校に関する重要な問題を伝える時
　・自分が行った地域での活動のことで、地方の新聞社に連絡を取る時
　・両親に帰宅が遅くなることを連絡する時

③ コミュニケーションの重荷！

必要な資料	ワークシート2・コミュニケーションが重荷になる時	→131ページ
	ワークシート3・正しい、それとも間違い？	→132ページ
学習の目的	毎日生徒が使っているコミュニケーションの種類をあげ、それらのよくない点がないかどうかを調べる	

　コミュニケーションの方法に関する簡単なゲームをする旨、生徒に説明をする。

　教室に生徒を横一列に並ばせる（必要ならば、広い場所に移動する）。これから聞く内容について賛成だと思うなら一歩前に出る。これはあくまでもゲームであるので、正しい答え、間違った答えというのはなく、正直に思った通りにやるよう、生徒に強調する。

　生徒にたずねる内容は、ワークシート2（コミュニケーションが重荷になる時）を参照のこと。終了したら、誰が一番たくさん前に出たかを見てみよう。

●インターネットを大いに頼りにすることは、よいことか？
●生活の中でインターネットを必要とすることによって、何が危険か？

> 　ここで、生徒を２人１組、または小さなグループに分ける。各グループに、ワークシート３（正しい、それとも間違い？）を配る。生徒は、それぞれの内容が正しいか間違っているかを、グループの人と一緒に考える。全部終わったら、みんなで答え合わせをする。
>
> 質問１：正しい。ティーンエージャーは、平均して毎日3時間テレビを見、さらに１〜２時間音楽を聴いたり音楽ビデオを見たりしている。
> 質問２：正しい。ティーンエージャーは、一日に7時間半以上、何らかのメディアやインターネットを使って過ごしている。
> 質問３：間違い。ティーンエージャーは、インスタント・メッセージを送り合ったり電話で話したりするのに、毎日1時間半を使っている。
> 質問４：間違い。スマホを持っている、半数どころか、60％のティーンエージャーが、自分はスマホに非常に依存していると答えている。
> 質問５：正しい。10人中９人が携帯電話を所有している（2000年は36％、2011年は91％）。
> 質問６：正しい。平均して、人は週に50以上のインスタント・メッセージを送る。
> 質問７：間違い。57％の人たちが、実生活よりもオンラインで人と話している。

●これらの結果に驚いたかどうか？
●あなたのメディアやインターネットの使い方と同じだったか？
●人と面と向かってコミュニケーションをとらなかったら、どんなことが危険か？

④ 公的、それとも私的？

必要な資料	ワークシート４・公的、それとも私的？　はさみ　⋮→133ページ
学習の目的	公的な情報と私的な情報の違い、そして私的な情報はどのようにして簡単に外に流れていくのかを調べる。 私的な情報が公の場で共有された場合の影響について考える。

　インターネットで世界中の何億人という人たちとつながっていることを生徒に説明する。気をつけていないと、オンラインに載せた情報を誰からでも見られてしまう可能性がある。多くの人が私的な情報をオンラインに公開し、公に誰もが閲覧できるような状況になっている。これは、常識に欠けるだけでなく、危険なことである。

　生徒を５〜７人のグループに分け、ワークシート４（公的、それとも私的？）を配る。そこに書かれたことばをそれぞれ切り取り、２つの項目に分類する。１）何も心配することなく誰にでも見られてよい公的な情報、２）人と共有するべきではない、または、家族のように信頼できる人とだけ共有してよい情報。

　作業が終わったら、クラス全体でそれぞれの項目を読みながら、「公的」か「私的」かをたずねていく。

話し合う内容

●公的か私的かを決定するのは難しかったか？

●SNSなどのオンラインで、誰かが載せた私的な情報を見たことがあるか？

●私的な情報をみんなに公開すると、何が危険なのか？

⑤ 内容の信頼性

必要な資料	ワークシート5・内容の信頼性	→134ページ
学習の目的	特にオンラインで見つけた内容が、正確かどうかを見極めることが重要であることを生徒に気づかせる。 すべての情報が信頼できるわけではないことを生徒に気づかせる。	

　インターネット上には、世界で一番大きな図書館よりも、多くの情報が載っており、その量は常に増え続けている。最近では、誰もが簡単にインターネット上に自分の情報を載せることができるが、その情報は、不適切、危険、不正確である可能性、また人を誤った方向に導く可能性がある。

　インターネット上で情報を見たり取り出したりする際には、それが正確なものかどうかを調べなければならない。確証を得るために、同じような情報が載っている他のサイトを調べたり、信頼できる人にたずねたり、オンラインではないところで同じ情報について調べたりする。出版されている書籍は、オンラインよりは内容が正しいとかなり言えるので、それも一つの方法である。

　生徒を少人数のグループに分け、ワークシート5（内容の信頼性）を配る。各グループに、それぞれのラベルを切り取り、それを2つの項目—その内容は信頼できるものか、できないものか—に分類するよう指示する。

　終わったら、クラス全体で次の事がらについて話し合う。

話し合う内容

●疑わしく信頼できないと思った内容には、どのようなものがあったか？
●確かに信頼できると思った内容には、どのようなものがあったか？
●オンラインで、誰か（例えば学校の生徒）に関して書かれたものを読んだ場合、それが本当のことかどうかをどうやって確かめるのか？
●誰かのことについて書かれた情報が、本当のことではないとわかっていて、それを他の人と共有する人がいるのかどうか？

⑥ 内容の信頼性（続）

必要な資料	白い紙（1人1枚ずつ）、ペン
学習の目的	SNSのサイトで紹介されている内容は信頼できるかどうか、具体的に調べる。 オンラインで嘘をついたり正しくないことや誤解を招くような情報を載せたりすることが、いかに簡単にできるか見分け始める。

　前回の課題に続いて、今回は、疑似SNSのサイトに載せる、個人情報を作成する旨、生徒に説明する。生徒一人ひとりに紙を配り、SNSに載せる短い自分の紹介文を書くよう指示する。量は数行でよいが、次にあげる内容を網羅しなければならない。

- 趣味、興味
- 好きな音楽、映画
- 熱中していること
- 好きな科目
- 家族に関すること（例：兄弟姉妹が何人いるか）
- 将来の目標や夢
- 何か人に知ってもらいたいこと

　紹介は文章で書き、その中に2つ嘘の情報を入れる。例えば、自分の趣味、住んでいるところ、兄弟姉妹の人数など。10分間で書き終え、そのあとはクラス全体で輪になって座る。

　各生徒に、自分の紹介文を大きな声で読ませる。聞いている生徒は、その中でどの2か所が嘘の情報かを考える。全員が情報を発表し終わったら、次の点について話し合う。

話し合う内容

- クラスの友だちの嘘を見破ることは簡単であったか？　その理由（直接顔を合わせ、実際の生活でお互いをよく知っている状況を踏まえて）？
- 人は、実生活の中で自分の情報を偽ると思うか？　オンラインではどうか？　どうしてそう考えるのか？
- 人がオンラインで、自分のことを偽って話しているかどうかがわからない場合、何が危険か？

● 例文

● 趣味・興味
　最近興味があるのは、映画鑑賞です。特に邦画が好きです。

● 好きな音楽、映画（ウソ）
　好きな音楽はクラシック全般です。邦楽はあまり聞きません。

● 熱中していること
　クロスワードパズルに熱中しています。

● 好きな科目
　国語と社会が好きです。

● 家族に関して（ウソ）
　お父さんは公務員で、母は保育士をしています。
　兄が東京で大学に通っています。

● 将来の夢
　将来の夢は、世界をまたにかける証券マンです。
　そのために経済系の大学に入り、英語を勉強しようと思っています。

● 人に知ってもらいたいこと
　こんな顔をしていますが、実は花柄の洋服が好きです。

チャットルームの安全性

必要な資料	ワークシート 6・チャットルームに関する事例 → 135ページ
学習の目的	オンラインのチャットルームを使うことの危険性を考える。特に、オンラインで知らない人を信頼してよいのかどうかについて検討する。 いとも簡単に、インターネットを通じて知らない人に個人情報を教えることができるということ、そしてそれに伴う危険性についての理解を深める。

　なぜ、またどのようにして人がオンラインでおしゃべりをしているか、生徒と話し合う。チャットルームのさまざまな種類や、チャットルームの機能についても考える（例：フェイスブック・チャット、音楽やスポーツといったテーマや話題に関するチャットルーム、など）。

　チャットルームによっては、利用者が誰と話しているのかがわかる。フェイスブック・チャットを使っている友だちと話す時などが、それにあたる。それ以外のチャットルームは匿名で参加でき、相手が言っていることを信じるしかない。

　個人情報とはどのようなものか、そして個人情報を他人と共有することはなぜよくないのか、生徒に問いかける。

　生徒を小さなグループに分け、ワークシート 6（チャットルームに関する事例）を配る。その事例を読み、質問の答えを考えてもらう。クラス全体でその答えについて話し合う。

　次に、生徒を 3 人ずつのグループに分け、ロールプレイを行う。グループの中の 2 人がチャットルームの筋書きに沿って演じるが、そのうちの 1 人は、その場で相手に話している自分像とはまったく違う人物を演じる。そして、お互いにあたかもコンピューターの前に座っているかのようにして、相手からなるべくたくさんの個人情報を聞き出そうとする役目である。グループの残りの 1 人は、どのような個人情報がうっかり漏れているかについて書きとめる。

　3 人の中で役柄を交代し、3 人が 3 種類の役を全部演じることができるようにする。全部終わったら、クラス全体で次の項目について話し合う。

話し合う内容

●おしゃべりの相手に個人情報を共有した人はいたか？

●おしゃべりの相手に個人情報を言わないようにすることは、どれだけ難しいか？

●２回目、３回目とロールプレイが進むにつれて、個人情報を漏らさないようにすることが楽になっていったか？

●個人情報を共有した人は、なぜそれを話してしまったのか？　インターネットで誰かと話していると、まるでその人のことをとてもよく知っているかのような錯覚に陥る。たとえ実生活で会ったことがなくても、その人とかなり親しくしていて、その人のことを信頼できるような感覚にさせてしまう、ずる賢い人がいる。

② あなたは安全？

必要な資料	ワークシート7・「賛成・反対」ゲーム	→136ページ
学習の目的	オンラインでの行動、そして、その行いが実生活にどのような影響を及ぼすかについての意識を高める。	

　生徒に、「賛成・反対」ゲームをすることを説明する。このゲームに、正しい答え、間違った答えというのはない。ワークシート7にある「賛成」と「反対」のカードを教室の両端に置き、「わからない」は教室の真ん中に置く。次に質問内容を大きな声で読み、生徒は自分の考えに合うカードのところまで行く。なぜその答えを選んだのか、生徒に意見を交換させる。

質問内容

●知らない人とオンラインでおしゃべりをしてもよい。
●フェイスブックで誰かが私の友だちになりたいと言ってきたら、入れてあげる。
●ネットいじめや、オンラインでのいやがらせは、法律で罰せられるべきだ。
●ここ数週間チャットルームでおしゃべりをしている人はとてもよい人のようなので、学校名を聞かれたら教える。
●オンラインで知り合った人と実際に会ってみる。
●知らない人から届いたEメールの添付を開く。

話し合う内容

　それぞれの内容を読みながら、生徒たちの答えに関して積極的に話し合う。自分の答えを裏づける考えを述べやすいよう、次のような自由回答形式を用いる。
●たとえ相手のことをよく知っていると思っても、オンラインで知り合ったその人と会うことは安全か？
●フェイスブックに知らない人を友だちとして加えた場合、何か危険なことが起こる可能性はないか？
●Eメールの添付がウイルスによって侵されている場合、それを開いたらどうなるか？

3 テクノロジーの信頼性

必要な資料	ワークシート８・あなたのことを信用していいの？ 〔ケース・スタディー〕	→137ページ
学習の目的	オンラインでの行動、そして公的な情報と私的な情報との違いを調べ、私的な情報がいかに簡単に人に伝わっていくかを考える。 私的な情報が公に伝わった時に起こり得る結果について検討して、その行いが実生活にどのような影響を及ぼすかについての意識を高める。	

　生徒を２人ずつ組ませ、ワークシート８（あなたのことを信用していいの？〔ケース・スタディー〕を各組に配る。ワークシートには、ある女の子が友だちの性的行為に関することを、学校の友だちにインスタント・メッセージで転送し、その友だちと仲たがいをするという台本が書かれている。それぞれのペアは、ワークシートの内容を数分間読んで、質問に答えなければならない。その後、クラス全体で、次の点について話し合う。

話し合う内容

●このようなことは、ごく簡単に起こり得ることか？

●誰が悪いのか？　ジェニーはインスタント・メッセージを送るべきだったのか？

●アビーはよい友だちか？　私たちは友だちを信用してよいのか？

●パーティーの前、間、後に、ジェニーはどのような行動をとればよかったのか？

④ 性的なメッセージを 送受信した結果

必要な資料	大きな紙、サインペン
学習の目的	性的なメッセージを送受信したら、どのようなことが起こるのかについて考え、意識を高める。 人々が性的なメッセージを送る理由、それによる影響について検討する。

　オンラインでの安全、インターネットを使うことで知らない人から危害を加えられるかもしれないリスクがあることを説明する。また、友だちや家族、彼や彼女と、安全に適切にインターネットを使うことについても考えなければならない。

　彼や彼女と関わる上でインターネットを使う人が増えているが、これにはよい面と悪い面がある。インスタント・メッセージやEメールで連絡をとったり、SNSに加わることで相手のことをさらに知ることができる。性的なメッセージや写真、ビデオを送るよう強要されることで、またオンラインで相手の一つひとつの行動をしつこく追うことで、そこでの人間関係が不快なものに変わることもある！

　「性的なメッセージ」とはどういうものを意味するのか、生徒にたずねてみよう。
　性的なメッセージとは、たいてい携帯電話同士であからさまに卑猥なメッセージや写真を送る行為のことである。
　どのような種類の通信機器が性的なメッセージの送受信に使われる可能性があるか、生徒にあげてもらう（例：携帯電話─テキストや写真のメッセージ、インスタント・メッセージ、Eメール、チャットルームなど）。

話し合う内容

● ティーンエージャーの性的なメッセージに関するニュースが増えてきていて、それが大きく問題視されている。あなたはどう思うか?

● 大人は、若い人たちの性的なメッセージに関してなぜ心配するのか?

● その気があれば、性的なメッセージの送受信をしてもよいのか?

● 性的なメッセージの送受信をする人たちというのは、ただそれをやりたいのか、それともそれをしなければならないと思っているのか?

● どのようにして、性的なメッセージの送受信が手に負えなくなったり、問題になったりするか?

　生徒を3人くらいの小さなグループに分ける。各グループに大きな紙を配り、3つの枠に分けるよう指示する。それぞれの枠は「学校」「自宅」「個人」を意味する。10〜15分で、性的なメッセージを送受信することによって起こる悪い面、またそれによって学校、自宅、個人に及ぼす影響について考える。

　自分たちがどのように感じるか、何を考えるか、といったようなことでもよい。もしわかりにくかったら、実際にあからさまな写真を彼や彼女に送り、そこから学校の人たちにその写真が転送されてしまうといった設定の台本をつくるのもよい。

例

学校：性的なメッセージは、学校中に広がり、先生たちから見つかるだろう。関わった生徒は停学や退学になるかもしれない。

自宅：両親に気づかれ、とても気まずい思いをするだろう。両親からものすごく叱られるかもしれない。

個人：みんなに知られたり写真を見られたりしたら、とても恥ずかしい思いをするだろうし、自分のことが卑劣に思え、学校に行きたくなくなるかもしれない。

各グループで出た答えを、クラスで発表し合う。

5 健全な関係と性的なメッセージ

必要な資料	ワークシート9・健全・不健全	→138ページ
	ワークシート10・画像	→139ページ
学習の目的	健全な関係、不健全な関係の意味を定義し、理解する。 どのような行動が、不健全で虐待的な関係を生むのかについて定義する。 性的なメッセージを送受信することと、不快で、虐待的に変わる人間関係との間には、どのようなつながりがあるか検討する。	

　前回の課題に続き、今回はまず、健全な恋愛関係とはどのようなものかについて考えることを生徒に説明する。

　生徒を3〜6人のグループに分け、ワークシート9（健全・不健全）を配る。各ラベル書かれた項目を読み、どれがもっとも健全な関係かを考え、健全な順に上から縦に並べる。

　クラス全体で各グループの答えを出し合う。

話し合う内容

● 各グループが並べた順番は同じだったか？　同じだった理由、同じではなかった理由は？
● 相手は性的なメッセージの送受信が普通で健全だと思っているが、あなたはそれを不健全だと思い、それによって不快な思いをしている場合、その状況にどのように対処するか？
● 自分の相手を信じるべきか？
● もし相手が信用できるなら、自分がどのように感じているかを正直に話すべきか？

生徒に、これから「誰のこと？」というゲームを始めることを説明する。
「これは簡単な、いす取りゲームである」

　生徒の数よりも一つ少なく椅子を用意する。指導者は真ん中に立ち、椅子には座らない。生徒はみんな椅子に座る。指導者が「さあ～」という言葉に続いて、「今日、黒の服を着ている人」とか「今朝、ご飯を食べてきた人」「ピザが好きな人」などといった質問を投げかける。それに当てはまる生徒は、すぐに立ち上がり、他の椅子を見つけて座らなければならない。自分が立ち上がった椅子に再度座ることはできない。

　生徒に、ぐるぐる回っている間に、あなた（指導者）がワークシート10に載っている2枚の写真を1枚ずつ2人の生徒に手渡すことを説明する。写真を受け取った生徒は、立ち上がって動いている間に、持っている写真をひそかに誰かに手渡さなければならない。写真をもらった人は、さらにまたそれを誰かにひそかに手渡す。写真は何回でも人に手渡すことができるが、渡さずに持っていてもよい。

　10回くらい行った後で、写真を持っている生徒は手をあげるよう指示する。最初に写真をもらった人とは違っているか？

　写真を見たり手渡したりした生徒にも手をあげさせる。写真を2枚とも見た人はいたか？（輪の中にいるほとんどみんなが写真を誰かに手渡したり、少なくとも手渡されている写真を目にしたりしているだろう）

●もしあの画像が、あなたが彼や彼女と2人だけで撮った写真だったとしたら、どのようなことが起こるか？　どのような気持ちになるか？
●これは単なるゲームだが、このようにして画像が、インスタント・メッセージやEメール、フェイスブックなどを通して、クラス中に回ってしまう可能性はあるか？
●これが実際に起こったと仮定して、もしその写真がオンラインで転送されていたら、いったい何人の人がそれを目にすると思うか？
●その写真は、あなたが誰にも見られたくない、露骨なもの、いじめの状況を示すもの、または、ただあなたがばかげて見えるものかもしれない。人が私の写真を他の人と共有しないようにするには、どうすればよいのか？

6 性的なメッセージを送受信する危険性

必要な資料	ワークシート9・健全・不健全	→139ページ
	ワークシート11・正しい、それとも間違い？クイズ	→140ページ
学習の目的	虐待的な行動について定義し、オンラインでの行動が、人間関係や個人の健康にもたらす影響について検討する。	

　前回の課題で話し合ったこと、性的なメッセージの定義について、生徒と一緒に復習をしよう。

　人は時に、相手を喜ばすために、または相手がばかにしたり離れていったりしないように、何か特別なことをしなければいけないような気持ちになる、ということを生徒に説明する。人が性的なメッセージを送受信したり、相手からの虐待的、暴力的行動に我慢すらしてしまったりするのも、こういう理由による場合がある。

　好きな人との関係はどのようなものであるべきか、生徒にたずねてみよう。そして、その答えをボードに書きだしてみよう。

- なぜ人によっては、相手からの虐待的な行動に耐えなければならないかのような感情を抱いてしまうのか？
- そういう人たちをどのようにして助けたらよいか？

　生徒を4～6人のグループに分け、各グループに再度ワークシート9（健全・不健全）を配る。今回は、グループのメンバーが一緒に、各項目を虐待的な行動とそうでない行動とに分ける。

　クラス全体で各グループの答えを出し、話し合う。

　今度は、各グループにワークシート11（正しい、それとも間違い？ クイズ）を配り、グループでそれぞれの内容が正しいか間違いかを考える。全部終わったら、クラスで各答えについて話し合う。

質問１：正しい。もし携帯電話で誰かにメッセージを送り、その後それを削除し、受け取った相手もそれを削除したとしても、場合によっては電話会社に連絡をしてそれを取り出すことができる。

質問２：正しい。オンラインに写真を載せたら、二度と取り戻すことはできない。

質問３：間違い。ティーンエージャーの３人に１人が、性的な誘いのメッセージを受け取ったことがある。

質問４：正しい。あなたが誰かにメッセージで送った文章や写真に対して、何も操作することはできない。

質問５：正しい。人がいやがることを無理やりさせる行為は虐待である。

話し合う内容

●解答を見て驚いたか？　このクイズに取り組んで、性的なメッセージに対する心構えが変わったか？

周りで何が起きているのか

必要な資料	大きな紙、サインペン
学習の目的	「ネチケット」を定義、理解し、オンラインでの礼儀ある行動の例をあげる。 オンラインでの礼儀に欠けることばや行動がどのような事態につながるかについて検討する。

　クラス全体で大きな輪になって座る。「ネチケット」とはどういう意味か、たずねる。ネチケットとは、かなり最近できたことばで、インターネットを使う時のエチケット（礼儀正しく、きちんとしたマナーで臨む）を意味する。生徒に、まず実生活でのエチケットの例をあげさせ、それからネチケットの例を考える。

　ネチケットがなぜ重要なのか、生徒にたずねよう。オンラインでなぜ礼儀正しくしなければならないのか？

　フェイスブックやツイッターなどのSNSの場で、自分のプロフィール（個人情報）を掲載している生徒がどのくらいいるか、手をあげさせる。プロフィールを掲載する理由は何か、生徒にたずねる。SNSのサイトに参加する目的は？　SNSのサイトを利用するにあたっては、ネチケットが非常に大切である。

　生徒に、今からゲーム「ツイッターごっこ」をする旨、説明する。ツイッターとは、SNSのサイトの一つで、利用者はアルファベットで140文字以下のコメント（ツイート）を載せることができる。

　このゲームのルールは次の通りである。まず、1人の生徒が大きな紙の上にコメント（ツイート）を書く。残りの生徒は、コメントを追加するか、元のコメントをリツイートする（繰り返す）ことによって、続けていかなければならない。全員に回ったら、その紙の上には何が書かれているか見てみよう。

話し合う内容

●ツイッターごっこでの会話で、最後はどのような内容になったか？

●私たちの会話を読んで、他の人はどのように感じるか？

●私たちが書いた内容を、どのくらい多くの人が見ただろうか？

●最近、脅したりいやがらせをしたりする内容のツイートをしたことで、逮捕された人たちがいる。ネチケットを考えずにツイートしてしまった有名人の実例を思い出せるか？

●有名人はなぜネチケットを考えなければならないのか？　オンラインでは有名人と同様に「人の目」にさらされているだろうか？

② オンライン画像

必要な資料	ワークシート12・公共におけるイメージ〔ケース・スタディー〕	→141ページ
学習の目的	公共におけるイメージについて定義、理解し、私たちのイメージが世の中にどう映るのかを検討する。 オンラインでの行動が、どのようにして私たちの実生活でのイメージを作り上げるか、どのようにして世の中によいか、悪いかのメッセージを発信するか、考える。	

　生徒を4〜6人のグループに分け、各グループにワークシート12（公共におけるイメージ〔ケース・スタディー〕）を配る。私たちの公共でのイメージが、私たちのイメージとして世の中に映ることを生徒に説明する。

　それはただ単にどう見えるかだけでなく、どのようなことを言い、どのような行動をしているかということも意味する。これらすべてが、よくも悪くも世の中に私たちのイメージとして伝わるのである。

　ケース・スタディーを読んで、ケーティーの公共のイメージとはどのようなものかをまとめる。それはよいイメージか、悪いイメージか？　どのようにそのイメージがつくられたか？

　クラス全体で、ケーティーの実際のイメージはどのようなものかを話し合う。彼女は本当にそのような人物なのだろうか？

話し合う内容

● オンラインと、実際の生活では、まったく違って理解される人がいるが、それはなぜか？

● 本当ではない姿と本当の姿の間には、どのような関連性があるか？

● あなたの公共のイメージはどのようなものだと思うか？　それはどのようにしてつくられたか？

● オンライン、オフラインで、私たちの公共のイメージを変えることはできるか？できるとしたら、どのように？

3 オンラインで 惑わされてはいけないこと

必要な資料	ワークシート13・状況の更新、はさみ	→142ページ
学習の目的	オンラインでの行動がもたらす影響について考える。 オンラインでコミュニケーションを図ったり、思ったことを交換し あったりする気楽さについて理解し、その気楽さによる不変性や ずっと続く影響についても考える。	

　フェイスブックなどのSNSのサイトに、何かを掲載することがどれだけ簡単か、生徒と話し合う。これまでに次のようなことをしたことがあるかどうか、手をあげて答えてもらう。

- フェイスブックに怒りのコメントを載せたことがある
- SNSのサイトに、誰かの写真を載せたことがある
- 誰かのことを悪く、意地悪に書いてある内容に対して「いいね」をクリックしたことがある
- 誰かの写真やビデオを、オンラインで共有したことがある
- 写真を撮られたことを知らない人が写っている写真を掲載したことがある
- 誰かのことについて意地悪なことを書いて、あとでそれを削除したことがある

　上記のような行動をとったら、どのような影響があるか、話し合おう。実際にはほんのちょっとしか時間のかからないことだが、起こしてしまった行動を元に戻すのはそう簡単なことではない。

　生徒を4〜6人のグループに分け、各グループにワークシート13（状況の更新）を配る。シートに書かれている「状況の更新」に関する各項目を、適切、不適切に分類する。全部分類し終わったら、クラス全体で話し合う。

　どのグループが、どの内容をどちらの分類に入れたか。みんな同意できるか？

　次に、「適切」の欄の内容を見て、もし次にあげる人たちが見たとしたら、その内容は「不適切」の欄に動かした方がよいと判断するかどうかをたずねる。

□あなたの祖母　　□あなたの担任　　□警察官
□50歳の男性　　　□6歳の女の子　　□あなたの両親

●これに対する反応を、クラス全体で話し合おう。もしプライバシーを守る設定をしていなかったら、これらの人たちや何百万人という人たちが、そこに書かれている内容を見る可能性がある。今日、家に帰ったら、それぞれが自分の設定をチェックし、そこに掲載している内容が、自分の友だちだけに見られるようにしておくことが大切である。

3 ネチケット（ネット上のエチケット）

4 尊重しなければならないルール

必要な資料	大きな紙、サインペン
学習の目的	オンラインで尊重されなければならないルールについて検討する。

　前回の課題を思い出しながら、ネチケットとは何かを復習し、インターネットを使う際の、またはオンラインにおいて、尊重されるような行動とはどのようなものかを再度じっくり考える。ネチケットは、ただインターネットを使う時だけでなく、インスタント・メッセージや写真などを送る時にも適用されることを生徒に強調しよう。

　生徒を4～6人のグループに分け、各グループに大きな紙を配る。グループで、ネチケットのルールを書き出す。ここであげられたルールは、学校内のコンピューター画面に表示すると有効である。

話し合う内容

●グループで10分ほど話し合った後、クラス全体で、それぞれ考えたルールを発表し合う。グループ間でもっとも共通するルールを特定したり、学校中に張り出すのに適切と思われるネチケット・ルールを決定したりするとよい。

⑤ 画像の操作

必要な資料	もし可能であれば、インターネットに接続できるコンピューター
学習の目的	電子画像がどのように変えられるか、そしてその影響について検証する。 画像を安全に管理し、自分たちの写真が悪い人たちの手に渡らないようにするための方法を考える。

　この課題を行うにあたっては、コンピューターをインターネットに接続する必要がある。

　生徒に、これまで写真やビデオをインターネット上に公開したことがあるかどうかをたずねる。写真やビデオを公開する時、他の人と共有できる自分自身の場のように感じるかもしれないが、実際は誰もがアクセスできる場であり、いったん公開してしまったら二度と元には戻せない。ほんの一秒の間に誰かがそれをコピーし、添付し、それをまたどこかに公開することができる。その画像は、その人の好きなように編集さえされてしまうのである。

　生徒2〜3人が一組となり一台のコンピューターに向かう。各グループで、オンラインの検索サイトを使って若い人が写っている適切な写真を見つけ、（もし可能であれば）写真編集のソフトウェアやより簡単な手段を使ってその写真を切り取ったり、写真の上に何かメッセージなどを書いたり、何らかの形で写真に変更を加えたりする。

　写真をよりよく見せてもよし、または写っている人の顔をゆがませたり、意地悪なことを写真上に書いたり、元の写真とはかなり違う見かけに変えたりして、より否定的に見せてもよい。生徒には、とにかく適切に、礼儀をわきまえて行うよう指示する。

　編集が終わったらその画像を印刷し、各グループで写真を見せながら、どのように手が加えられたかを発表し合う。

●画像を変えることは、いかに簡単であったか？

●もしもっと高度な手段があったら、その画像にどのような変更を加えることができたか？

●雑誌は、エアブラシなどの画像編集手段をたくさん使う。どのようにして、一枚の画像をより否定的、危険な方法で変えてしまうことができるか？

●写真の編集を行うことで、どのようなことが起きるか？

●公開してもいないあなたの写真がどこかに出ているのを見たり、その写真がかなり違って見えることに気づいたりした時（例えば、あなたの顔が誰か他の人の体の上に載せられている）、あなたはどう感じるか？

●自分たちの画像が他人によって変更を加えられたり使われたりすることを避けるには、どうしたらよいか？

① ネットいじめとは

必要な資料	ワークシート14・ネットいじめ〔ケース・スタディ〕 付箋紙、サインペン	→143〜144 ページ
学習の目的	ネットいじめについて考え、理解する。 ネットいじめの実例を参考にしながら、その行動がどのような範囲に及ぶのかを特定する。 ネットいじめによる影響を考える。	

　大きな問題であるネットいじめとは何か、生徒同士で話し合う。多くの若者、そして大人たちですら、ネットいじめの犠牲者になり得る。私たちが生活している世の中はインターネットで埋め尽くされており、サイバー攻撃によるいじめを避けることは難しいこともある。

　生徒を輪になって座らせ、輪の中央に付箋紙とサインペンを置く。生徒に、ネットいじめのさまざまな形を、考えつく限り、付箋紙に（1枚につき1項目ずつ）書き、輪の中央に置かれた大きな紙に貼るよう指示する。ネットいじめの形、それに用いられる方法などを書く。

　クラス全体でそれぞれの答えについて話し合う。何人くらいの生徒が、これまでにネットいじめを見たことがあるか、またはネットいじめにあったことのある人を知っているか？　実名は避ける。

　生徒を2〜4人のグループに分け、各グループにワークシート14（ネットいじめに関する事例）を配る。各グループで、その事例を読み、次の質問に答える。

話し合う内容

●もしネットいじめにあってしまったら、どのような気持ちになるか？
● 「普通の」いじめに比べて、ネットいじめはもっと質（たち）が悪いか、それとも同じくらいか？

② これはネットいじめ？

必要な資料	ワークシート15・「ネットいじめ・ネットいじめではない」の区別、大きな紙、サインペン	→145ページ
学習の目的	ネットいじめと、従来型いじめとの違いを理解する。 ネットいじめに相当する行動を特定する。	

　ネットいじめと従来型いじめとの違いを説明する。いわゆる従来型いじめには、どのようなものがあるか、生徒にたずねてみよう。

　生徒を4〜6人の小さなグループに分け、各グループに大きな紙とサインペンを数本配る。ネットいじめと従来型いじめとの違いを考え、なるべくたくさんあげるよう指示する。

　クラス全体で、各グループから出た答えについて話し合う。

　今度は、ワークシート15（「ネットいじめ・ネットいじめではない」の区別）の中のラベルを使い、下記に示す例が「ネットいじめである」「ネットいじめではない」「またはわからない」のどれにあたるかを決定する「賛成・不賛成」ゲームを行うことを生徒に説明する。生徒はこれだと思うラベルのところに立って、投票をする。

投票する内容

● フェイスブックに、あなたの知っている女の子のことを売春婦呼ばわりする意見を載せる。あなたは「いいね」をクリックし、そこに書いた意見の下に（爆笑）とつける。

● 友人の1人があなたに、「うれしい平手打ち」をされている1学年下の男の子のビデオ（平手打ちをされたり、誰かに攻撃されたりしているようすを誰かが録画）を送ってきて、あなたはそれを誰かに転送する。

● とても間抜けに見える友だちの写真をあなたがこっそり撮り、それをフェイスブックに載せ、どんどんタグをつけていく。

● あなたも知っているある女の子のことを、太っている、醜い、ばかだと罵るコメントを、あなたの親友がツイッターでつぶやく。

● ある生徒のグループが、学校のある先生の悪口を書き込むサイトをつくった。

● 誰かがあなたのところに匿名で脅すインスタント・メッセージを送ってくる。

③ 傍観者の影響

必要な資料	大きな紙、サインペン、ワークシート16・いじめの被害者の写真、付箋紙	→146ページ
学習の目的	「傍観者」という言葉の意味を明確に理解する。 傍観者が、いじめの状況を助けたり妨げたりする方法を考える。 どのような状況で、うっかり傍観者になってしまうのかを明らかにする。	

　ネットいじめとは何か、生徒と一緒に復習をし、インターネットを使って人をいじめるのに使われる方法にはどのようなものがあるかを話し合う。

　生徒に「傍観者」ということばの意味を知っているかどうかをたずねよう。これまでにこのことばを聞いたことがあるか？　傍観者とは、目撃者に少し似ている。いじめが行われているのを見ていながら、それに対して必ずしも行動を起こさない人のことを指す。生徒に次の点について、どう思うかをたずねてみよう。

- 傍観者はどのようにしていじめの状況を助けることができるか？
- 傍観者がどのようにしていじめの状況を悪化させるか？

　生徒を4〜6人の小さなグループに分ける。各グループに、大きな紙とサインペンを何本か配る。紙の中央に縦の線を入れる。左側に「援護する」、右側に「援護しない」と書く。次の台本を読み、そこに出てくる被害者を助けたり支持を表明したりする方法を紙の左側に、その被害者を助けずその問題を悪化させる、またはいじめに加担さえしてしまう方法について紙の右側に列記させる。

（台本）

　あなたが知っている学校のある女の子が、上級生たちにかなりひどくいじめられている。その生徒たちは彼女のことを笑い、廊下でからかい、時には運動場で彼女を突いたりもしている。昨晩あなたがフェイスブックを見ていた時、誰かがこの女の子の悪口を書いているリンクを見つけた。そこをクリックしてみると、それは上級生の1人によるもので、許可なくその女の子の写真をたくさん載せ、その子を非難したりばかにしたりしている、他の生徒たちからの何十ものコメントが紹介されていた。

生徒に自分たちの書いた答えを発表させる。いじめの状況を、時に無意識に、悪化させる方法にはどのようなものがあるかを話し合おう。フェイスブックにコメントを追加していくことは何も罪がないように見えるが、それはいじめの行動にあたる。

インターネット上でいじめられている人を助けるさまざまな方法を話し合おう。そのリンク上にコメントを書かない、その方法とは、そこに書かれている内容を支持するようなことを書かないなど、小さなことかもしれない。

今度は、紙を裏返しにし、また中央に縦の線を引き、上部に「援護する」「援護しない」と書くよう指示する。この台本に出てくる被害者を助ける理由を左側に、助けない理由を右側に、なるべくたくさん考えて書いてみよう。

クラス全体で、みんなの意見を発表し合う。この女の子を助けない、または見て見ぬふりをすることはより楽なことか？

最後に、ワークシート16（いじめの被害者の写真）を使い、この写真の女の子が先ほどの台本に出てくる被害者で、自分のことについて書かれたウェブサイトを見つけた立場だったとしたら、どのような気持ちになるかを考えてみよう。勝手に載せられた自分の写真や、書かれた悪口を見て、どのように感じるか？

ワークシート16（いじめの被害者の写真）をクラス中央の壁に貼り、その答えを付箋紙に書くよう指示する。答えを書いた付箋紙を写真の近くに貼る。書きたい生徒は、いくらでも書いて貼ってよい。

その後でクラス全体で、そこに貼られた答えを読み上げる。

話し合う内容

● もしあなたがこの台本の被害者だったなら、どうするか？

● このような状況は、生徒が悪口を書き込むサイトをつくることで、時に教師に起こることもある。被害者となった先生はどのような気持ちになるか？　そのような行動を起こすことで、その後、生徒や先生にどのようなことが起こり得るか？

● 生徒が起こした行動は、犯罪か？

いやがらせや、憎悪感を刺激することは、実際に犯罪であることを、生徒に説明する。

4 傍観者の影響（続）

必要な資料	ワークシート17・「いじめる人、傍観する人、助ける人」のラベル	→147ページ
学習の目的	傍観者のさまざまな態度について考える。 いじめる人、傍観者、助ける人の行動の仕方を考える。 インターネットを使うにあたり、どのような時にいじめをしたり、いじめられたりするのかを検討しながら、オンラインにおける私たちの行動についての意識を高める。	

前回の課題、傍観者とは何かを振り返ってみよう。生徒を少人数のグループに分け、次にあげる傍観者のタイプの一つになり得るとしたら、どのような場合かを話し合う。

- 受け身の傍観者─いじめを完全に応援するわけではないが、止めようともしない（例：ただ見ている、そこで何となく意見を述べている）。
- 率先する傍観者─被害者を応援したり、何らかの形で助けようとしたりする（例：いじめを容認しないことを示す、助けようとする、被害者のようすをずっと追う）。
- いじめる傍観者─行動を起こしたり関わったりすることで、いじめの状況を悪くする（例：笑ったりからかったりする、いじめのようすを携帯で撮影する、示威行為をする）。

生徒を3～6人のグループに分け、各グループに傍観者のタイプの一つを割り当て、それについて討論させる。そして、クラス全体で意見を述べ合う。

傍観者は、時にいじめる側となることをしっかり理解しよう。目の前で起きていることから目を背けたり、いじめに加担し始めたりする場合もそれにあたる。いじめる傍観者と、いじめる本人との区別はあいまいであることが多い。ネットいじめの場合、時には、簡単に受け身の傍観者やいじめる傍観者になり得ることを生徒に説明しよう。

ワークシート17に書かれた「いじめる人」と「傍観者」のラベルを教室の両端に貼り、「助ける人」のラベルを教室の中央に貼る。次に書かれた台本を読み、そこに出てくる人は、いじめる人、傍観者、助ける人のいずれかにあたるのか、考えるよう生徒に説明する。

- あなたの親友が、フェイスブックに、あなたのきらいな生徒は同性愛者だと書いた。
- あなたの知っている人は同性愛者だと、友だちがあなたに伝えた。あなたは、それをツイートし、それを見た他の友だちがそれについてコメントをし、さらにツイートした。
- 上級生が下級生をなぐっているビデオを、誰かがあなたに送ってきた。あなたは友だちが笑ってくれるだろうと見込んで、その友だちに転送した。

●学校の誰かがオンラインに、下級生の女の子の悪口を書くサイトをつくった。あなたはそのリンクをその下級生に転送した。

●あなたの親友が、あなたの知らない友だちをからかってみようと言い出した。冗談で、死をほのめかす脅迫のメッセージを送った。その際、送った側の番号が本人にわからないように、あなたの携帯電話を使って、そのインスタント・メッセージを送った。

今度は、もう一度ゲーム形式で、次の台本に沿って、あなた自身が、いじめる人、傍観者、または助ける人のいずれかになる場合の状況について考える。私たちには、自分がどう振る舞うのかを自分で決定できるということを、しっかり頭に入れておこう。

台本に沿って話し合う内容

●あなたの親友が、フェイスブックに、あなたのきらいな生徒は同性愛者だと書いた。その人が同性愛者だとあなた自身も常々思っていたと、コメントとして書くことをあなたは選ぶのか（いじめる人）、そこに書かれたことを読みはするものの、何もしないか（傍観者）？ それとも、書かれた本人に知らせて、その人を助けるか（助ける人）？

●下級生がうれしそうに叩かれているシーンのビデオを誰かがあなたに送ってきた（その下級生はいきなり叩かれ、そのようすを録画された）。あなたはそれを転送するか（いじめる人）？ ビデオを見るものの、それを削除するか（傍観者）？ それとも、先生にそのことを報告するか（助ける人）？

●上級生が、学校の先生の1人をからかうウェブサイトを作成した。みんなは、その先生を攻撃するコメントをそこに書いた。誰かがあなたにもそのリンクを送ってきた。あなたはそのサイトに行って、その先生に関する自分のコメントを載せるか（いじめる人）？ 内容を見ずに、そのリンクを誰か他の人に転送するか（傍観者）？ それとも、それは間違っていると、そのリンクを送ってくれた人に伝えるか（助ける人）？

●あなたの仲良しグループが、同学年の女子生徒に、その子の好きな男の子になりすましてテキストを送り、その女子生徒がそれにだまされて相手に性的なメッセージを送るかどうかを試そうとしていることを、親友があなたに教えてくれた。その女子生徒はあなたの電話番号を知らないので、グループの子たちはあなたの携帯電話を使ってテキストを送ろうとしている。あなたはそれに同意するか（いじめる人）？ 同意はしないが、彼らにその計画を実行させるか（傍観者）？ それとも、いやだと言って、ただちにその女子生徒にその計画のことを知らせるか（助ける人）？

　傍観者の行いがどのようにしていじめにすらなり得るかを話し合おう。もし誰かが誰かにいじわるなことをしようとしていること、またはいじめようとしていることを知った場合、それを止める行動を起こさなければ、私たちもいじめる側になるのだろうか？

5 フェイスブックでのいじめ

必要な資料	毛糸玉
学習の目的	SNSのサイト、特にフェイスブックで起こり得るいじめの種類について考え、理解を深める。 オンラインで簡単に起こり得るいじめの形、そして、それによってどのようなことが起きていくのかを考える。

　どのような種類のネットいじめがもっともよく起きるのか、生徒に意見を交換させてみよう。多くの教師は、フェイスブックを使ったいじめが多く、それを解決するのが難しいと訴える。

　フェイスブックを使っている人はどのくらいいるか、手をあげるよう生徒にたずねてみよう（全員である可能性もある）。生徒たちは、どのような目的でフェイスブックを使っているのか？

　生徒に、横一線に並ぶよう指示する。次の質問に対し、「はい」であったら一歩前に出るよう説明しよう。

- フェイスブック、または他のSNSのサイトで、50人以上友だちがいる人？
- 100人以上友だちがいる人？　●150人以上？　●250人以上？
- 400人以上？　●600人以上？　●800人以上？
- 1000人以上？

クラスで誰が一番遠い位置まで移動したか？

話し合う内容

- 実際にそのフェイスブック上の友だちを全員知っているか？　つまり、その人たち全員と面と向かって会ったことがあるか？
- 知らない人を、あなたのSNSのサイトに友だちとして加えることで、どのような危険があるか？
- その人たちは、あなたのサイトのどこまでアクセスすることができるのか（あなたの情報、更新状況、写真、ビデオ）？
- 知らない人を友だちに加えることは安全か？

生徒一人ひとりに、意思を確かめた上で、SNSのサイトに、だいたい何人くらいの友だち、アドレス帳に載っている人がいるのかをたずねてみよう。その答えを黒板に書きとめる。

　　生徒を輪になって座らせ、これからフェイスブックいじめに関するゲームをすることを説明する。最初に毛糸玉を持った生徒が、あたかもフェイスブックに近況を書いているような設定で、架空の友だちに関するコメントを書こうとしているところから始める。それから、次の生徒にその毛糸玉を投げ、それを受け取った生徒は最初の生徒が書いたフェイスブックのコメントに、コメントを追加する。コメントを言った人は毛糸の端を握ったまま、毛糸玉を次の人に投げる。

　　コメントを足したい人にどんどん毛糸玉を投げていく。輪になって座っている順番どおりに投げる必要はない。生徒には、いかにもフェイスブック上にいるような演技をするよう奨励するが、使うことばだけは適切であるよう注意する。いじめるようなコメント、助けるようなコメント、どちらを言ってもよい。コメントが増えるにつれ、人から人に渡っている毛糸玉はくもの巣のような状態になり始めるだろう。

　　全員がコメントを言い終わったら、最初の生徒に毛糸玉を投げ返すよう、最後の生徒に伝える。

●いかにも本当にやっているように演技をしながら楽しくゲームを行ったが、実際にこのような状況が起こり得るか？　最初に書かれたコメントに対して、どのようにして、たくさんの人たちが意地の悪いコメントを書いていくのか？
●もし、私が元のコメントを削除したら、どのようなことが起こるか？　私はいじめる人のように見えるか？　それとも、コメントを書いていった人がいじめる人に見えるか？
●そこに書かれたコメントを、書かれた当事者が見たら、どのような気持ちになるか？
●毛糸玉によってできたくもの巣に注目しよう。SNSの周り、卑劣な行動、いじめを拡散した。

　　先ほど黒板に書いた表を見て、およそ何人くらいの人が、このクラスの集合的なネットワークに関わっているかを見積もってみよう。それは、もしかしたら何千人にも及ぶかもしれない！
●オンラインで、私たちが誰かをいじめているのを見た人たちのことを考えると、私たち自身、どのような気持ちがするか？

Part.3
ネット・セーフティワークシート

Ｅメール

手　紙

テキスト・メッセージ

ショート・メッセージ

チャットルーム

ファックス

伝書鳩

面と向かって話す

SNS

ビデオ・チャット

●スマホ・携帯電話なしでは、どうしてよいかわからない。

●夜間、スマホ・携帯電話をオフにしていても、起きていたら、携帯電話を見てしまう。

●朝一番にすることは、スマホ・携帯電話のチェックである。

●1〜2時間以内に人がインスタント・メッセージに返事をしてこなかったら、不快になったり心配になったりする。

●毎日Eメールをチェックしている。

●スマホ・携帯電話を取り出す時やコンピューターのそばにいる時は、必ず自分のフェイスブックやツイッターをチェックする。

●実生活よりも、フェイスブック上により多くの友だちがいる。

●友だちと一緒にいる時は写真を撮って、それをフェイスブックに載せてみんなに見せる。

●実際に会って話すよりも、オンラインで人と話したり、メッセージを送り合ったりする方が多い。

●時々友だちの情報を見て、その人が何をしているか、誰と一緒にいるのかを確かめる。

次の文章を読んで、正しいか間違っているかを考えよう！

①平均して、ティーンエージャーは１日に３時間テレビを見、さらに１～２時間音楽を聴いたり音楽ビデオを見たりして過ごしている。

正しい ・ 間違い

②ティーンエージャーは、テレビやゲーム機、コンピューターを含む、メディアやインターネットの利用に毎日７時間以上を使っている。

正しい ・ 間違い

③ティーンエージャーは、スマホや携帯電話でメッセージを送ったり、人と話したりするのに、平均して１日１時間を使っている。

正しい ・ 間違い

④ティーンエージャーの50％が、自分はスマホに非常に依存していると答えている。

正しい ・ 間違い

⑤10人中９人がスマホか携帯電話をもっている。

正しい ・ 間違い

⑥平均して、人は週に50くらいのインスタント・メッセージを送っている。

正しい ・ 間違い

⑦40％の人たちが、実生活よりもオンラインで人と話をしている。

正しい ・ 間違い

（下の）名前	趣味、興味のあること
名字	好きなスポーツのチーム
学校名	生年月日
自宅の住所	クレジットカードの情報
電話番号	住んでいる町
Eメールアドレス	ツイッターのハンドルネーム
好きな色	

次に書かれた内容は、信頼できるか、信頼できないか？　もしそれが実際に起きた場合を考えてみよう。

グーグルに載っていた、宇宙人が地球にやってくるという話。

enquiries@NationalLottery.comという宝くじのサイトから届いた、「宝くじに当たりました」という表題のEメール。

担任の先生から受け取った、学校の公式の便箋に書かれた手紙。そこには「最近表彰を受けたことを祝福する内容」が書かれている。

知らない人からのフェイスブックで友だちになってほしいという要請。

玄関のドアにかかっていた、近所の店のスポーツウェア割引のパンフレット。

「87201」という番号から届いた「『はい』という返事をテキストで返したら、人気バンドのコンサートのチケットが当たる」というインスタント・メッセージ。

かかりつけの歯医者から届いた、次回の予約に関する手紙。

セールのお知らせと、オンラインで使える割引コード番号が書かれた、お気に入りの店からのEメール。

化粧品販売の雑誌に載っている、見た目が完璧な女性の画像。

次のチャットルームに関する事例を読み、下の質問に答えよう。

サリーは足の骨を折って、5週間学校を休んでいる。話をする相手もなく、一日中とても退屈なので、ウェブサイトで見つけたチャットルームでおしゃべりをしている。

最初はちょっと楽しむ程度だったが、最近は両親が仕事に出かけていくやいなや、オンラインでおしゃべりをしている。チャットルームに参加している人の中には変わった人もいるが、1人、この人だけは実に特別だと思えるような男の子がいる。

サリーとその男の子は、最初は時々オンラインでしゃべる程度だったが、今では毎日、時には数時間にもわたって話をするようになった。昨日は、その男の子から「君に恋をしているようだ」と打ち明けられた。彼は完璧な相手のような気がして、サリーはとても幸せだった。

その男の子はサリーに、足の調子もずいぶんよくなっているので、次の週末にデートをしようと誘い、サリーはそれに応じた。

①あなたはこの男の子を信用しますか？　サリーの決断は正しいですか？
②この状況で、どのような危険が予想できますか？

ダニーは新しいところに引っ越したばかりで、新しい学校にもまだ十分になじめていない。まだ誰も友だちがいなくて、とても孤独に感じている。Xboxのゲームが好きで、ヘッドホンを使って、インターネット上で知らない人とよく遊んでいる。ある人から、Xboxのプレイヤーが考えやコツを話し合うチャットルームの存在を教えてくれた。

ダニーはそのサイトに行ってみて、そこで実にいろいろな人と話せることを知り、もはや孤独ではなくなった。そこの人たちは、ダニーが遊んでいるゲームについて語り合い、好きなゲームで上のレベルにいくためのたくさんのコツを教えてくれた。しかし、ダニーは、一部のチャットルームに対して不快感を抱いている。そこには、性的なことを話す人がいて、それに意見する人たちがいた。彼らはダニーがそこに加わることを期待している。

①ダニーはこの状況を心配すべきか？　それとも、ただ無邪気に楽しめばよいのか？
②この状況の下、ダニーは何をすべきか？

賛　成

反　対

わからない

次の事例を読んでみよう。

ジェニーとアビーは長年の友だちである。ジェニーは何でもアビーに話す。時々けんかをすることもあるが、お互いによい友だちである。土曜日の夜、ジェニーはあるパーティーに誘われたが、アビーは誘われなかった。そのパーティーは、仲間の中で一番いかした女の子の家で行われ、主要なメンバーはみんな呼ばれていた。アビーがパーティーに呼ばれなかったので、ジェニーは心が痛んだ。しかし、パーティーのことはアビーに知られないようにしようと思った。

パーティーで、ジェニーはずっと好きだった年上の男の子とおしゃべりを始めた。彼がジェニーにとても興味を示してくれていることが、信じられないほど幸せだった！　彼はこまめにジェニーのために飲み物を持ってきてくれ、ずっと一緒におしゃべりをしたり笑ったりして過ごした。ジェニーは、その飲み物がアルコール入りだということも確信していて、少し気分が悪くなり始めたが、大好きな人の前で子どもじみたところを見せたくなかったので、何も言わなかった。

しばらくして、その男の子がジェニーを2階に連れていった。ジェニーは酔っぱらっていたが、いやだと言わなかった。ジェニーはその男の子とセックスをしたいとは全然思わなかったが、彼がそれを求めていることをわかっていた。もしジェニーがいやだと言ったら、彼はきっとジェニーを軽蔑して、他の女の子のところに行ってしまうだろう。ジェニーは、このまま流れにまかせれば、彼は絶対に自分のボーイフレンドになるだろうと思った…。

その後、ジェニーはとても恥ずかしくなり、起きてしまったことを不安に感じ、彼が求めていたことを行わなければよかったと思った。しかし、彼が自分のボーイフレンドになったことで、自分が学校でもっともいかした女の子の1人になれるだろうと自分に言い聞かせた！　おそらくそれに値すると…。

何も考えずに、ジェニーは友だちのアビーにメッセージを送り、パーティーで起きたこと、今やかっこいい年上のボーイフレンドができたことを話した！　アビーは返事をしなかった。しかし、翌日ジェニーが学校に行ったところ、みんなから白い目で見られ、売春婦とかだらしのない女だと言われた。ジェニーは、アビーがテキスト・メッセージをみんなに転送したのだとわかった。ジェニーがとても好きな男の子でさえ彼女を見て笑い、誰とでも寝るような女の子とは仲よくしたくないとまで言われた。

相手が思い通りの恰好をしたり、特定の恰好をしたりすることを認めない。

相手をやり込めたり、いやな気持ちにさせたりする。
(相手に太っている、醜い、ばかなどと言って侮辱する)。

もし私のことを愛しているなら、私と性的なメッセージを送り合い、
写真を送ってと彼や彼女に言う。

彼や彼女に、花やプレゼントを買う。

相手とすぐにセックスをする予定がないのに、避妊具の話をする。

最初のデートでセックスをする。

お互いに自由を与えながら、自分だけの時間を過ごす。

どこに、誰と行くのか、私に伝えるよう相手に要求する。

その人のフェイスブックで行動をチェックする。

空いている時間はいつも一緒にいたいと相手に言う。

次の文章を読み、正しいか間違いかを考えよう。

①もしスマホか携帯電話から誰かにメッセージを送り、その後それを削除し、受け取った相手もそれを削除した場合でも、あとからそれを取り出すことができる。

正しい ・ 間違い

②もしオンラインに写真を載せたら、二度と取り戻すことはできない。

正しい ・ 間違い

③ティーンエージャーの半数が、性的な誘いのメッセージを受け取ったことがある。

正しい ・ 間違い

④あなたが人にインスタント・メッセージで送った文章や写真に対して何か起きても、あなたはそれを操作することができない。

正しい ・ 間違い

⑤相手に裸の写真を送らせることは、虐待行為である。

正しい ・ 間違い

次の事例を読んでみよう。

ケイティはフェイスブック上に620人の友だちがいる。どれだけ楽しい生活をしているか、どれだけ学校のことを気にしていないかについて、毎日載せている内容を更新している。学校の成績が出た時、全試験で不合格点を取ったが、何時間も勉強した人たちのような負け犬ではないと自慢した！　ビキニの上を着てミニスカートを履いた自分の写真をそこに載せ、男性たちにその写真についてのコメントを求めている。また、お酒を飲んで酔っ払っている写真も載せ、そこに、どれだけ楽しい時間を過ごし、酔っぱらったり、年上の男の子たちと遊びまわったりすることが好きか、コメントも書いている。フェイスブックには、実際に知っている人かどうかもお構いなしに、友だちとして加えている。そのほとんどは男性である。

ケイティがよく掲載している写真は、携帯電話を使って自分で撮影したもののようである。しっかりお化粧をしていることも多い。男友だちと何をしていたか、どのくらい遠くまで出かけていたか、フェイスブック上で堂々と自慢している。ケイティには、これといった趣味や興味もなさそうである。

①フェイスブックの情報を通じての、ケイティのイメージはどのようなものか？
その情報を見たら、ケイティがどんな人だと描写できるか？

②ケイティの公的なイメージはよいか、悪いか？　彼女の情報を見たら、両親や先生はどのように感じるか？

③ケイティは実生活ではどんななのか？　心の中ではどう感じているのか？

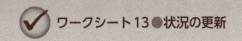

次にあげるフェイスブック上の更新された情報を読んで、それが適切か不適切かを考えよう。

ジェニーは何ともふしだらだ―いつも誰かと寝ている。

自分たちが、人よりも優っていると考える人たちの気持ちがわからない
それがどうしたというのだ！

ジョノの彼女はとってもいかす！
それを証明するような写真を昨日の夜見たぞ！　爆笑

キャラ・デービスは、昨日の夜、すご――く酔っぱらった。
おかしくてちびるほど。

倒れこむくらい、すごく酔っぱらってた。大爆笑！

あ〜月曜日はきらいだ。１時間目が理科。もう最低!!!

なんでいつも悪いことが私に起きるような気がするんだろう？

フランス語のハーディング先生は世界で最悪の教師だ。
あの先生は、意地悪で醜い。

誰か今週の理科の宿題を手伝ってくれない？　私、本当によくわからない。

デービッド・ジョンソンはきらいだ。うそつきでずるい奴だ。
女性たちよ、よく知っとけ！　おまえたちもだまされるぞ！

次の事例を読んでみよう。

　マイケルは、学校でかなり人気のある少年だった。フットボールとバスケットボールの選手で、これといった問題はなかった。クラスやフットボール・チームの中に、決まった仲良しの友だちがいた。ある日、マイケルは知らない電話番号からインスタント・メッセージを受け取った。それには「お前は何という負け犬か」と書いてあった。マイケルはちょっと腹を立てたが、無視した。おそらく誰かが間違って送信したのだろう…と。そのメッセージを削除し、気にも留めなかった。数時間後、またインスタント・メッセージを受け取った。今度は「返信しないつもりか、おかま野郎!?」と書かれていた。今回は心配になった。「君は間違った番号に送ったんじゃないかと思う」と返信した。しかし、それに対して「ちがうね、マイケル、お前あてだ。このバカ。お前をいじめてやる！」と返事がきた。

　マイケルは震えた。どうしたらよいのか、わからなかった。友だちの1人がただからかっているんだろうか？　とにかく忘れようとしたが、インスタント・メッセージが次から次に送られてきた。自宅にいる夜間でさえ。メッセージの内容が、どんどん陰険になっていった。ある日、「お前は死ぬ」というメッセージが届いた。マイケルはとても怖くなり、学校に行くのもいやになった。自分の友だちも他の人たちも誰も信じられなくなり、ひきこもっていった。携帯電話の電源を切ろうともしたが、どんなメッセージが待ち受けているのかと思うと怖かった。安全に家にいられるよう、両親には具合が悪いと伝えた。マイケルは、この事態がいつまで続くのかと心配した。

---

①ネットいじめがマイケルに及ぼした影響は何か？　それによってマイケルはどのような気持ちになったか？

②この状況で、マイケルはどのような行動を取るべきだったか？

次の事例を読んでみよう。

　ジョーンズ先生は、歴史を教えている。生徒をしっかり監督する厳しい先生だが、生徒を公平に扱うので、多くの生徒から好かれ慕われていた。特に、女生徒たちに人気があり、必要な時にはジョーンズ先生のところに助言や助けを求めに行っていた。

　女生徒の一人であるジェンマは、提出した歴史の宿題に、Fという不合格の判定がついて返ってきたことにショックを受けた！　そのことが信じられなかった。たしかに、あまり努力をしなかったが、ジョーンズ先生は自分のことを気に入ってくれていた！　先生はよい判定をつけてくれるものだと思っていた。ジェンマは怒りを覚え、そのことばかり考えた。ジョーンズ先生がこんなことをするなんて、信じられなかった。こんな悪い判定をもらったら、家でも怒られて大変なことになる。その夜、家に帰ってからフェイスブックに「ジョーンズ先生なんて大嫌い」というページをつくった。先生がどれだけ醜く意地悪で恐ろしいかについて書いた意見や、先生の見た目や性格に関する悪口を載せた。ジェンマはたくさんの友だちを「いいね」のページに導き、たちまちみんながそこに加わった。

　翌日、ジェンマは教務主任の部屋に呼ばれた。ジェンマのフェイスブックのページが教師たちに見つかったのである。ジョーンズ先生は、ジェンマとはよい関係を築いていたと思っていただけに、とてもショックを受けた。ジェンマは腹痛で具合が悪くなった。まさかこんなことになるなんて、思ってもみなかった…。

---

①ジェンマは、フェイスブックに書き込む前に、何をすべきだったか？

②ジョーンズ先生は、フェイスブックに書かれたコメントを読んでどのような気持ちになったと思うか？

ネットいじめである

ネットいじめではない

わからない

いじめる人

傍観する人

助ける人

Part.4

ネット
セーフティー
指針づくりの手本

1 ネット・セーフティー指針

ネット・セーフティー指針づくりの手本

[学校名] ネット・セーフティー指針

■■ネット・セーフティーの定義

　ネット・セーフティーとは、ICTのみの使用に関する安全と責任を明らかにする
もので、インターネット、モバイル機器、通信機器、そして、情報の所有、共有、
受信を目的としてつくられているデバイス（例：スマホ・携帯電話、デジタルカメラ、
ポケットベル）などを含む。

■■ねらい

　[学校名] は、生徒が将来責任のある立派な大人となるよう、学業の達成のみな
らず、道徳心、社会性、心の育成を促進しながら、生徒や学校関係者すべての幸せ
を確保することに努める。

　学校内外において生徒や教職員がICT機器を使う機会が増えていることに鑑み、
ICT機器が責任をもって、また適切に、安全に用いられていることが確実に認識さ
れなければならない。

　この指針は、学校関係者がICT機器を使うに際して気をつけなければならない要
点を明記している。また、学校外でICT機器を使う場合に考えられる危険性を、生
徒や保護者に教えたり告知したりする必要があるという、学校側の責任に関しても
強調している。

　当指針の複写版やその他の関係書類は、学校の事務室に申し出れば、いつでも閲
覧が可能である。保護者用の指針も閲覧可能である。

　[保護者用、また可能であれば生徒用にも、簡素化したバージョンの指針をつくっ
ておくのもよい]

■■指針の目的

　当指針は、生徒、保護者、教職員、学校管理者や理事を含む、学校関係者全員に
適用される。目的は以下に示す通りである。

- ●ネット・セーフティーの内容と当校との関わり
- ●学校内における適切なICTの使い方
- ●ICTの不正使用・乱用が発生した場合の対処
- ●ICTの利用に関する教職員や生徒の行動規範
- ●学校内におけるネット・セーフティーの指導方法
- ●ネット・セーフティー促進における、教職員の役目と責任
- ●ネット・セーフティー促進における、保護者の役目と責任

■ ■ [学校名] におけるICTの使用

[学校名] は、生徒の教育における、また日々の学校生活における、ICTの果たす重要な役割を認識している。コンピューター、デジタルカメラ、録音・録画機器などの学校の備品は、能力向上のための幅広い機会を与え、教育課程における指導、学習の効果を高めるものである。

ICTは、学習効果を高めるために使われ、生徒や教職員も確実にその目的のために使うことを許可されている。インターネットを含むICTの利用は、特典であり、権利ではない。また、学校の規則を遵守し、いかなる時も責任のある適切な使い方をする者だけが使用を許可される。

インターネットへの接続は、[学校名] 内において可能であるが、年齢相応の適切な内容を見ているかどうかを確認するために、厳格に監視をし、フィルター（選別）を行う。

当校のネットワーク担当者、および責任者は、校内におけるICTの安全性を守るための責任を負う。それには、ファイヤウォールなどの不正なアクセスから守る防御システムやウイルス排除システムを、地域の安全対策の手続き、方針に従って、適切に配備することを含む。

[参考にするために、地域の方針や手続きに関する書面を、ここに含めるかどうかを考える]

■ ■ その他の方針について

このネット・セーフティーの方針は、これまでのICT使用に関する指針に取って代わるもので、次にあげるその他の学校の方針に沿って書かれている。

- 行動規範に関する方針
- 生徒の保護に関する方針
- いじめ防止に関する方針

[ネット・セーフティーに関する方針の作成にあたって参考にしたすべての方針を含める。首尾一貫した学校運営がなされるよう、それぞれの方針に矛盾がないかどうか、適切な調整を図る]

▓▓ 法律に関する記述

この方針は、ネット・セーフティーに関する地方や国の指導要綱に沿って書かれており、犯罪行為にあたるICT機器の不正使用や乱用の可能性についても考慮している。

【アメリカの関連法】
- 電気通信法　1984年
- コミュニケーション犯罪法　1998年
- 性犯罪法　2003年
- 通信法　2003年（127項）
- コンピューター不正使用取締法　1990年

[米国では、法律が州によって異なると同時に、連邦法も適用される。自分の州や国の、もっとも関連する最新の法律を調べたり、ネット・セーフティーやネットいじめに関するさまざまな法律に関する包括的な記述を加えるかどうかの意思も含め、特定の法律にふれることを回避したりすることも重要である。

下記の点を含めるかどうか、検討しよう―ネット・セーフティーやネットいじめを取り巻く立法委員である教職員だけに知らせる必要があるのか、または学校内の事件調査や、警察などの外部組織への報告の仕方にまで範囲を広げて通達をすべきことなのか]

▓▓ 指導と学習

[学校名]は生徒と教職員の保護を慎重に考え、私たちを取り巻く社会に存在す

る身体的危険のみならず、より拡大してきている危険から全員を守るべき責任を認識している。当校関係者の身体的・精神的安全と安寧は最重要事項であるがゆえ、[学校名]はICT機器を使う際の個人の権利や責任について生徒に教育をするために、ネット・セーフティーに関する内容を履修課程に取り入れている。

　ICTの授業では、ネット・セーフティーの要点を詳しく検討し、その他ICTに関する施策にもふれ、生徒がICT機器を使う時は常にその内容を復習することにしている。ICTを使う時に起こり得るネットいじめや個人の安全については、保健社会の授業の中で取り扱うが、その場合、ネットいじめ、人への尊重、人間関係などに関する施策にまで内容を広げて指導する。さらには、国をあげての「ネットいじめ防止強化週間」、「いじめ防止強化月間」、2月の「安全なインターネット・デー」などの折にふれて、ネット・セーフティーに関する指導を強化する機会を設ける。

　この重要な課題への意識を高めるために、学校評議会役員や生徒会の支援グループのメンバーにも関わってもらうこととし、学校評議会役員は教職員とともに、ICT機器の使用に関する学校の規則を発行したり、オンラインで安全にいるための、またICT機器を使う際に必要な方針やさらなる情報のあらすじをつかみながら、生徒に情報を提供するための工夫を行ったりすることが求められる。

　生徒会の支援グループのメンバーは、影響を受けやすい生徒によりよい支援を提供したり、子どもの保護に関して起こり得る危惧や問題をただちに教職員に報告することができるよう、定期的かつ継続的な訓練の一環としてネット・セーフティーとネットいじめについて教育を受けることが求められる。

　[この件に関する意識を高めるための一つの方法として「生徒の力」を有効に使うこと、また「肯定的な友だちの圧力」を行使することは、きわめて有効である。しかし、この方法があなたの学校に対して適切であるかどうか、時間的にそれが可能であるかどうかを考慮する必要がある。学校によっては、評議会に対して、ネット・セーフティーやネットいじめなどの重要な方針についての「生徒向けのバージョン」を作成したり、企画係の生徒に情報を送ったりすることを要求しているところもある]

■■インターネット接続に対する管理

　[学校名]においては、純粋に教育や学習のツールとして、インターネットの使用が認められる。ゆえに、生徒も教職員も、学校活動として適切とみなされる時にのみ、インターネットへの接続が許可される。

生徒は、教職員の許可を得た時、そして授業に関する活動（課題に関する調査や、授業や宿題に関する情報収集）を行う時にのみ、インターネットへの接続が許される。他の目的でインターネットを使用した生徒に対しては、学校の行動規範に従って処分をくだす。

　年齢不相応の内容に不意にアクセスすることのないよう、学校のネットワークは不適切な内容への接続に対する監視、除去作業を行う。しかし、この除去作業は100％有効ではないため、除去の不履行、不適切な内容への不意の接続については、ただちに学校のネットワーク部門の責任者に報告しなければならない。

　個人のEメール、インスタント・メッセージ、その他個人の連絡ごとや娯楽のために学校のインターネットに接続することを固く禁じる。フェイスブックやツイッターなどのSNSへの接続も固く禁止する。

■■ 学校のEメール

　学校内のシステムを通して、教職員、生徒の学校のEメールへのアクセスができる。学校のEメール・アカウントは、ネットワーク部門の責任者によって監視され、不正使用が行われた場合は、管理職員、教務主任にただちに報告される。学校のEメールを乱用、不正に使用したことが認められた場合、そのメール・アカウントの使用を停止する。

　これらの規則に違反が認められた生徒や教職員は、それぞれ学校の行動規範、教職員の就業規定に従って、処分される。

■■ 学校のウェブサイト

　学校のウェブサイトは、コミュニケーションと学校活動促進の手段として、学校関係者に対して広く提供される。ウェブサイトの情報は、関係者、関係団体の許可の下、[担当者名]によってアップロードされる。ウェブサイトに掲載したい内容は、すべて［担当者名］を通さなければならない。教職員、保護者、生徒ともに、自身の情報をアップロードすることは固く禁じられている。ウェブサイトでの外部に対する意見の書き込みは、適切で慎重に考えられたものでなければならない。

　[もしあなたの学校のウェブサイトで、利用者が意見や内容を自分でアップデートできる仕組みになっているのであれば、それに対する監視方法、監視者について考慮しなければならない。また、生徒や教職員が、保護者や責任者の同意なしにビデオ映像を紹介する場合についても、十分考えておくことが重要である]

■ ■ 画像の公開

　保護者に子どもの写真撮影、ならびにその画像のオンラインにおける公開に関して許可を得ずして、生徒の画像をインターネットや学校のウェブサイトに掲載してはならない。すべての画像は適切で必要と認められたものでなければならない。教職員が個人のSNSのサイトや個人のウェブサイトなどに生徒の写真を掲載することを固く禁じる。同様に、生徒も、教職員の写真を個人のカメラや、携帯電話などの個人の通信機器で撮影すること、またその画像をインターネットに掲載したり、オンラインで転送したりすることを固く禁じる。

■ ■ その他のICTに関する管理

☐ 携帯電話

　[学校名] は、生徒を学校外に連れ出す必要のある場合、教職員に学校の携帯電話を貸し出す。

　遠足の引率者、担任の教職員は、学校の携帯電話を常に携行し、完全に充電をした上で、いつでも使用可能な状態にしておかなければならない。職務中は電話の電源を常に入れておかなければならない。遠足中に非常事態が起きた場合には、他の教職員も個人の携帯電話を使って、適切な対処をすることが求められる。

　学校の敷地内では、生徒と関わっている時間に教職員が個人の携帯を使うことを禁じ、あらかじめ決められた休憩時間内、勤務時間後以外の携帯電話の使用は控えなければならない。どのような状況（例えば、緊急時）であっても、教職員個人の携帯電話を生徒に使わせてはならない。そのような場合には、学校事務室の電話を使わせること。

　学校内では、生徒が個人の携帯電話、その他の通信機器（ポケットベルや携帯情報端末機など）を使うことを禁じる。[学校名] は、紛失や損傷に対して責任を持てない理由で、保護者に対しては、子どもに携帯電話や同様の機器を学校に持ってこさせないことを奨励する。

☐ デジタルカメラ

　当校には、生徒の課題や学習向上のようすを、記録するための目的で、[x] 台のデジタルカメラを提供している。デジタルカメラは、教職員や生徒が、教職員の指導の下にのみ、使うことが許可されている。カメラを個人的な目的で使うことは許可されず、学校の旅行や遠足の時以外は、常に学校内に保管される。

生徒の顔や課題を撮影するために、教職員が、携帯電話を含む個人のカメラを使うことは断じて許されない。

□　ゲーム機やその他の電子機器
　ゲーム機を学校に持ち込んだり、学校で使ったりすることは認められない。［学校名］では、その類の機器の紛失、盗難に対する責任は一切負わない。［学校名］は、保護者に対して、子どもにそのような機器を学校に持ってこさせないことを強く推奨する。教職員も同様に、個人のICT機器を学校に持ってこないことを奨励する。
　教職員は全員、データ保管のために、USBメモリが支給される。これらのUSBメモリは学校のネットワーク責任者によって暗号化、規制されており、教職員が、適切な安全対策を侵害するような、その他の大容量の記憶機器を使うことを認めない。

■■ネットいじめ
　ネットいじめとは、インターネットを通して、または使用して、繰り返し行われる他人へのいやがらせ、名誉棄損、虐待を意味する。これは、7種類の形─テキスト・メッセージ、電話、写真やビデオ、Eメール、オンラインのチャット・ルーム、SNSのサイト、または一般的なウェブサイト（学校裏サイトなど）─を通して見られる。
　［学校名］は、ネットいじめの問題に対し、きわめて深刻に取り組む。学校のいじめ防止対策指針には、ネットいじめを含むいじめの対処の仕方、生徒や保護者の報告の仕方について明記している。
　［あなたの学校のいじめ防止指針には、ネットいじめに関する項目が含まれているか？　指針の中には、いじめの一つの形として、ネットいじめについて明記しておく必要があるが、学校側の対処法、保護者の義務、報告の仕方などを、個別の項目に明記しておくべきである。また、その指針には、教職員に対するネットいじめの対処法についてもふれなければならない。学校として、学校外で起きるネットいじめへの対処法も決定しておくべきである］

■■接続に対する許可
　学校のインターネットへの接続は、特別に与えられた権利であり、［学校名］は学校の備品が責任をもって、また適切に使われることを望む。全教職員は、学校内のICT使用に関する行動規範に署名をし、生徒も同様に生徒の行動規範に署名、同

意をし、保護者もそれに署名することが求められる。

■■ ネット・セーフティーに関する事件

[学校名] は、ネットいじめを含む、インターネットの乱用、不正使用に対し、きわめて深刻に対処する。学校関係者は全員、そのような事案が起きた際に報告義務があり、再発防止のために学校に協力することが求められる。

□ 事件の報告──生徒と保護者

生徒、保護者ともに、ICT機器の乱用や不正使用に関して懸念がある場合、ただちに教職員に報告をしなければならない。教務主任や生徒指導担当者は、生徒や保護者とその問題について討議をする。また、生徒はいかなる懸念や不安も、友人に報告することが奨励される。

生徒、保護者ともに、政府のウェブサイト www.ceop.gov.uk で事件の報告をすることも可能である。

インターネットの乱用、不正使用は、刑事犯罪とみなされることもあり、警察による即座の介入が求められるきわめて深刻な事態となることもある。このように緊急を要する場合、保護者は、最寄りの警察に連絡を取ったり、999／911（日本の110番にあたる）に電話をしたりしなければならない。

□ 事件の報告──教職員

全教職員が、インターネットの乱用、不正使用に関して、上司に報告する義務をもつ。全教職員自身が、いやがらせやネットいじめなどの、インターネットの乱用、不正使用による被害者となっている場合は、すべての証拠を集め、ただちに上司に提出しなければならない。深刻な事態の場合は、適宜、警察への連絡を行わなければならない。

■■ 教職員の役目と責任

[学校名] の全教職員は、学校内のネット・セーフティーの促進に関して明確で重要な役目を担っている。インターネットをよい意味で、安全に、また責任をもって使うためのよい手本になることは何よりも重要であり、ネット・セーフティーに対する完全で結束した意識を確実に学校中に行きわたらせるために全教職員を対象にトレーニングを行うことも必要である。

インターネットを利用する際に、全教職員が全生徒に対して安全、かつ責任のある行動を促進する過程で重要な役割をもつことに加え、ICT部門の教職員や、保健・道徳の教師は、ネット・セーフティーについて教えたりカリキュラムを開発したりすることに責任をもつ。

　[学校名]では校内のネット・セーフティー担当者を任命した。その担当者はネット・セーフティーが学校全体に普及するべく全般的な責任をもつ。それには、保護者への研修会、教職員の訓練、生徒の意識向上を図る行事を計画・実行することも含む。インターネットの不正使用や乱用が起きた場合は、ネット・セーフティーの担当者が他の教職員と協力しながら対処する。当校のネット・セーフティーの担当者は[担当者の名前]である。

■■ 保護者の役割と責任

　保護者は、子どものネット・セーフティーに対する理解や意識を高める上で、またICTを利用する際に、どのようにしたら安全でいられるかについて、生徒の理解を築く努力をしている学校に対して、支援をすることは重要な役割である。生徒自身、生徒の学校生活に影響を及ぼす事件について学校に報告し、それが速やかに調査され、対処されていることを確認することは、保護者の義務である。

　保護者は、子どもが行動規範を読み、ネット・セーフティーに関する学校の規則を理解していることを確かめ、規範に子どもと連署することも任務である。

　ネット・セーフティーや、自宅でインターネットを利用する時の子どもの安全確保について、保護者が学ぶための年次研究会や意識向上イベントを、学校で開催する。イベントの情報は、保護者に直接送られると同時に、学校のウェブサイトにも掲載される。

　[保護者のネット・セーフティーに対する理解をどの程度援護するつもりなのか、考慮しておくべきである。もし保護者向けの訓練や意識向上イベントを長期間で行わないのであれば、方針の中にそのことを含めない方がよい。その代わりに、保護者向けのプリントを配布、学校のウェブサイトに情報を載せて宣伝するとよい]

■■ 方針の導入

　当方針は、ただちに、次の見直しまで有効とする。全教職員に方針の内容を知らせ、その内容を確実に読み理解することは教職員の責任である。保護者は方針のコピーを学校から受け取ることができるが、保護者のために学校のお知らせ（ニュー

スレター）にもっとも重要な項目を載せる。

　生徒にもまたこの方針の内容を知らせるが、新入生、在校生の両方を対象に、生徒向けのわかりやすく書かれた方針を用意する。

　学校の評議会役員や評議会メンバーは、方針の内容が合意され、教務主任やネット・セーフティー担当者、その他関係者によって、この方針が学校中に効果的に取り入れられていることを確認する責任をもつ。

　[もっとも重要な項目を中心に生徒向けのネット・セーフティーの方針をつくるか、生徒の行動規範やネット・セーフティーのきまりに焦点を当てたポスターを学校中に貼るなどといった方法を選ぶか、学校として決めておこう]

■■監視、査定、見直し

　学校の評議員や評議委員会には、教務主任やベテランの教師陣、ネット・セーフティーの担当者と連携しつつ、関係者全員がそれを読み理解していることを確かめ、生徒や保護者、教職員の意見や調査を通してネット・セーフティーによる介入やカリキュラムがうまく働いていることを監督しながら、ネット・セーフティーの方針を継続的に監視、査定する責任がある。ネットいじめを含むICT機器の不正使用や乱用の事案に関する部分は、方針がきちんと機能しているかどうかを判断するために毎年査定を行う。

　学校、そしてもっと広い枠内におけるインターネットの特質の変化に伴い、この方針は、学校で新しいインターネットが指導、学習の道具として導入された時は突発的な検閲を行うとともに、毎年見直される。

　[インターネットの急速な変化に伴い、必要であれば方針を毎年見直し、改訂することを勧める。方針を毎年見直したり改訂したりするにあたっては、各教職員が自分の責任をわきまえ、何らかの変更が加えられた場合は、学校関係者全員にそれが通達されることを確認しよう]

日　　付：_____

検 閲 日：_____

記録者名：_____

承認者名：_____

2 ネット・セーフティー指針づくりの手本
教職員向けの行動規則の例

　　［学校名］は、ネット・セーフティーに関する問題を大変深刻に受け止め、学校や個人のICT機器を使う際、また生徒、保護者、教職員とのコミュニケーションを行う際、全教職員が教育者としての自覚と倫理的責任に忠実に従うことを要求する。全教職員が、この行動規則を熟読した後に、当校のネット・セーフティーの方針を理解したこと、また自らの行動に関して、特に下記の点について忠実に守ることを確認するために、署名をすることが求められる。

- ●学校のネット・セーフティーの方針を入手し熟読することが私の責任であることを理解しています。
- ●コンピューター、ノートパソコン、デジタルカメラ、スマホ・携帯電話、その他の情報伝達のためのICT機器を含む、学校のICT機器が、指導と学習を目的に、また生徒の安全を確保しながら、学校によって提供されていることを理解しています。
- ●学校のICT機器を、私個人の目的（インターネット、個人のEメール、ソーシャル・ネットワークへの接続など）のために使うことは禁じられていることを理解しています。
- ●生徒への指導中、勤務時間内に、私個人の携帯電話やその他の小型ICT機器の使用が禁じられていることを理解しています。これらの機器は休憩時間や就業時間前後に限って使ってよいことを理解しています。
- ●学校のICT機器に、いかなるソフトウェアやハードウェアのインストールも、許可なく行いません。
- ●個人のデータは、学校から提供されているUSBメモリを使って、安全な状態で保存します。
- ●インターネットやEメールを含む学校の情報システムの使用については、私の認識の有無にかかわらず、監視、記録される対象であることを理解しています。

●学校のデジタルカメラは、生徒の写真、生徒の作品、掲示物、その他校内の映像を撮るためだけに使い、私個人のデジタルカメラや携帯電話のカメラを、学校内、また教職員として職務を遂行している間（遠足など）に使うことは固く禁じられていることを理解しています。

●私個人のSNSのサイトで、生徒や保護者を友だちとして受け入れたり、連絡をしたりすることは、きわめて望ましくないことを理解しています。また、私個人のSNSのサイトに書かれた生徒や保護者のいかなる中傷も、学校の規則に沿って対処されなければならないことを理解しています。

●ICT機器の使用に対して、責任のある熟慮された行動を取るために、生徒が教室でICT機器を使う時を含め、適時、生徒のネット・セーフティーに対しての認識を高めることを誓います。

氏名：＿＿＿＿＿＿＿＿＿＿＿＿＿＿＿＿＿＿

署名：＿＿＿＿＿＿＿＿＿＿＿＿＿＿＿＿＿＿

役職：＿＿＿＿＿＿＿＿＿＿＿＿＿＿＿＿＿＿

部署：＿＿＿＿＿＿＿＿＿＿＿＿＿＿＿＿＿＿

日付：＿＿＿＿＿＿＿＿＿＿＿＿＿＿＿＿＿＿

3 ネット・セーフティー指針づくりの手本
児童・生徒向けの行動規則の例

　［学校名］は、指導や学習の効果を高めるために、パソコンやインターネット対応のさまざまな機器を使用する。コンピューター、ノートパソコン、デジタルカメラ、タブレット機器、スマホ・携帯電話を含む、すべての学校のICT機器は、［学校名］の備品であり、個人使用や娯楽目的のためではない。これらのICT機器は、生徒への指導、支援のために提供される。学校の備品やインターネットに対する損害や不適切な使用が認められた場合は、その特典に対する失効、さらに深刻な処分が科せられる恐れがある。また、全生徒に対してICTへのアクセスが禁止される恐れもある。

　すべての学校の備品に関しては、生徒や教職員の安全を守るための規則が設定されている。全生徒がこれらの規則を読んで理解することが重要である。学校のICTに関する規則に従わない場合は、行動規則に沿って、懲罰の対象になることもある。

- 学校のコンピューターやその他の備品を大切に使います。
- 学校のコンピューターには、一切プログラムなどをインストールしません。
- 精神的苦痛の原因になったり、人をいじめたりするようなインターネットの使い方はしません。
- 先生の指導の下以外では、インターネット上に写真やビデオ、その他の内容を載せたりしません。
- 学校にいる間、学校のコンピューターや、スマホ・携帯電話などの自分の通信機器を使って、フェイスブックなどのソーシャル・ネットワークのサイトにアクセスはしません。
- 学校にいる間、自分のスマホ・携帯電話を使いません。
- 人に受け入れられないような行動を含めて、ICTの不正使用に少しでも気づいた時には、報告します。
- 私のコンピューターやEメールのパスワードは人にもれないようにし、他人

162　**Part.4**
ネット・セーフティ指針づくりの手本

のパスワードを使ったりしません。

●学校のコンピューターのシステムや設定を、勝手に作ったり変えたりしません。

●インターネットを使って、違法で不適切で乱暴な内容にアクセスしません。

●学校のコンピューターには、生徒の使い方を監視するためのソフトウェアがインストールされていることを知っています。

以上のネット・セーフティーに関する行動規則を読み、理解しました。

生徒署名：＿＿＿＿＿＿＿＿＿＿

日　　付：＿＿＿＿＿＿＿＿＿＿

保護者氏名：＿＿＿＿＿＿＿＿＿＿

日　　付：＿＿＿＿＿＿＿＿＿＿

ネット・セーフティーに関する
保護者向け文書の例

保護者の皆様へ

当校ネット・セーフティーの方針について

　［学校名］では、生徒の安全をきわめて深刻に考慮しております。これは、実生活、また仮想世界の両方において、生徒を危険から守ることを意味しています。

　指導と学習の効果を高めるために、授業でICT機器を導入することの重要性を認識しており、その過程の一つとして、生徒がインターネットや学校のコンピューター、その他のICT機器にアクセスする場合の指導・監督を行っております。生徒たちが、自宅で、またスマホ・携帯電話などの小型軽量の機器を通して、インターネットにアクセスし、オンラインの危険にさらされる可能性がかなり高いことを、［学校名］では認識しております。

　ICT機器の乱用や不正使用の可能性を考慮し、教職員も生徒も、どのようにしたらオンラインで安全でいられるか、適切にICT機器を使うことができるかを理解することが重要です。人をいじめるためにICT機器を使うことを教えるのではありません。

　ICT機器に関するそれぞれの責任を当校の関係者全員が理解をするために、［学校名］は新しいネット・セーフティーの方針を作成しました。方針を要約したものを同封いたしますので、どうぞご一読ください。学校のウェブサイトで文書をダウンロードしていただくことも可能です。

　方針にも明記しておりますように、生徒には、なるべく携帯電話や他のICT機器を学校に持ってこないよう指導しております。学校にいる間はスマホ・携帯電話の

使用を禁じます。

　ネット・セーフティーの方針は、生徒によるICT機器の不正使用や乱用の危険
を少なくするためのもので、自宅でICT機器を使う時やスマホなどのウェブに接
続できる機器を使う時に、子どもの安全を考えることを推奨するものです。www.
thinkuknow.com、www.netsmartzkids.org には、家族向けの多くの情報や助言
が紹介されています。

　以上、お知らせ申し上げます。

ネット・セーフティー担当者、または教務主任

5 テクノロジーの悪用や不正使用に関する事案が起きた場合の保護者向け文書の例

[保護者名] 様

ネット・セーフティー方針に対する違反に関して

[学校名] では、生徒の安全や行動を大変深刻に考えており、それにはICT機器やインターネットを安全に責任をもって使うことも含んでおります。

[学校名] には、ネットいじめを含むICT機器の不正使用や乱用を防いだり、それに対応したりする方法を明らかにするための、ネット・セーフティー方針があります。このようなことは、学校の行動規範に沿って、対処されます。

[○年○月○日]、お宅のお子さんである [名前] さんが関与した事案について、報告を受けました。その報告には、[申し立てられた事案の詳細] と書かれています。

お宅のお子さんは、以前、学校のネット・セーフティーに関する行動規範のコピーを受け取り、受け取ったことを証明する署名もしていますので、個人や学校でのICT機器の使用に関する学校の規則については理解しているはずです。ICT機器の乱用や、故意の不正使用は犯罪となり、警察に送られる対象になります。

[学校名] では、この事案に関して、徹底的に調査を進めさせていただきます。つきましては、調査の一環として、申し立ての事案について話し合うために、[○年○月○日○時○○分]、お子さんと一緒にご来校ください。

[学校名] のネット・セーフティーの方針を詳しくご覧になりたい場合は、当校のウェブサイトでダウンロードしてください。

それでは [○年○月○日] にお会いしたいと存じます。どうぞよろしくお願いいたします。

ネット・セーフティー担当者、または教務主任

6 児童・生徒へのアンケートの例

次の質問を読んで、できるだけ正直に答えましょう。

①あなたの性別は

　　　男　／　女

②あなたはスマホや携帯電話を持っていますか?

　　　はい　／　いいえ

③あなたはどのくらいインターネットを使いますか?

　　　毎日　／　週に2〜3回　／　週に1回　／　月に1回

④スマホや携帯電話を持っている人に質問します。あなたは毎日どのくらいインスタント・メッセージを送りますか?

　　　0〜10回　／　11〜20回　／　21〜30回　／　31回以上

⑤あなたはフェイスブックに自分の情報を載せていますか?

　　　はい　／　いいえ　／　わからない

⑥⑤で「はい」と答えた人に質問します。あなたはどのくらいフェイスブックを使いますか?

　　　1日に5回以上　／　1日に1〜2回　／　ほとんど使わない　／
　　　まったく使わない

⑦フェイスブックを使っている人に質問します。あなたは何人くらいの友だち(連絡を取り合う人)がいますか?

　　　1〜100人　／　101〜250人　／　251〜400人　／
　　　401〜600人　／　601人以上

⑧自宅でインターネットを使う場合、どの部屋でそれを行いますか？

　　　自分の部屋　　／　　リビングルーム　　／　　仕事部屋　　／

　　　その他（　　　　　　　　　　　　　　　　　　　　　　）

⑨どのような目的でインターネットを使いますか（複数可）？

　　　買い物をする　　／　　音楽を聴く　　／　　おしゃべりをする　　／

　　　テレビ番組を見る　　／　　ブログをする　　／　　ゲームで遊ぶ　　／

　　　宿題をする　　／　　何かをアップロードする　　／

　　　ソーシャル・ネットワークをする　　／　　漠然と何かを読む　　／

　　　その他（　　　　　　　　　　　　　　　　　　　　　）

⑩オンラインで知り合った人と実際に会ったことがありますか？

　　　はい　　／　　いいえ　　／　　答えたくない

⑪ネットいじめにあったことがありますか？

　　　はい　　／　　いいえ　　／　　答えたくない　　／　　わからない

⑫もしあなたがネットいじめにあったり、オンラインで不快になるようなものを見
　てしまったりした場合、どうすればよいか知っていますか？

　　　はい　　／　　いいえ　　／　　答えたくない　　／　　わからない

　　　　　　　　　　　　　　　　　　　　　ご協力、ありがとうございました。

ネット・セーフティー指針づくりの手本
保護者向けのアンケートの例

次の質問を読んで、できるだけ正直にお答えください。

①あなたは何人のお子さんをおもちですか？ _____

②お子さん（たち）の年齢を教えてください。 _____

③あなたのお子さんが持っているものに〇をつけてください（複数回答可）

　　　携帯電話　　／　　ポケットベル　　／　　ノートパソコン　　／　　ゲーム機

　　　MP 3 プレーヤー　　／　　スマホ　　／

　　　インターネットが使えるタブレット機器（iPadなど）

　　　家族のコンピューター　　／　　その他_____

④あなたのお子さんはどのようにしてインターネットに接続していますか？
　（複数回答可）

　　　学校のパソコンを使って　　／　　自宅のコンピューターを使って　　／

　　　携帯電話を使って　　／　　テレビを使って　　／　　ゲーム機を使って

⑤あなたのお子さんは、どのくらいの時間、インターネットに接続していますか？

　　　1日5時間以上　　／　　1日に2〜3時間　　／　　1日に1度だけ

　　　週に2〜3回　　／　　週に1度未満

⑥あなたのお子さんは、フェイスブックやツイッターなどのソーシャル・ネット
　ワークにアカウントをもっていますか？

　　　はい　　／　　いいえ　　／　　わからない

⑦デスクトップのパソコンやノートパソコンをお持ちの方におたずねします。
　パソコンには、お子さんが特定のサイトにアクセスしたり、よくない内容を目に
　したりしないような、フィルター機能や監視機能を備えたソフトウェアを入れて
　いますか？
　　　　はい　／　いいえ　／　わからない

⑧あなた自身のインターネットに対する知識はどのくらいですか？
　　　　まったくもっていない　／　初歩レベル　／　平均的なレベル　／
　　　　かなりもっている　／　専門家レベル

⑨あなたのお子さんがネットいじめの被害者になったことはありますか？
　　　　はい　／　いいえ　／　わからない

⑩あなたのお子さんは、これまでにオンラインで不適切な内容にアクセスしたこと
　がありますか？（アダルトサイトなど）
　　　　はい　／　いいえ　／　わからない

⑪あなたのお子さんは、これまでに自分の個人情報をオンラインに載せたことがあ
　りますか？（住所や電話番号など）
　　　　はい　／　いいえ　／　わからない

⑫あなたのお子さんがオンラインで安全でいる上で、また携帯電話などのICT機器
　を使う上で、どのくらい心配ですか？
　　　　とても心配である　／　少し心配である　／　まったく心配していない

⑬インターネットやICT機器の安全な使い方について、お子さんに学ぶ場をもって
　もらいたいですか？
　　　　はい　／　いいえ　／　わからない

⑭ネット・セーフティーに関する援助や支援、情報がほしいですか？
　　　　はい　／　いいえ　／　わからない

　　　　　　　　　　　　　　　　　　ご協力、ありがとうございました。

8 教職員向けのアンケートの例

次の質問を読んで、できるだけ正直に答えてください。

①あなた自身のインターネットに対する知識はどのくらいですか？

まったくもっていない　／　初歩レベル　／　平均的なレベル　／

かなりもっている　／　専門家レベル

②次の中から、あなた自身が持っているものに〇をつけてください（複数回答可）

携帯電話　／　ポケットベル　／　ノートパソコン　／

ゲーム機　／　MP 3プレーヤー　／　スマホ　／

インターネットが使えるタブレット機器（iPadなど）

家族のコンピューター　／

その他＿＿＿＿＿＿＿＿＿＿＿＿＿＿＿＿＿＿＿＿＿＿＿＿＿

③どのような方法でインターネットに接続していますか？（複数回答可）

学校のパソコンを使って　／　自分のノートパソコンを使って　／

携帯電話を使って　／　テレビを使って　／　ゲーム機を使って　／

自宅のパソコンを使って　／　タブレット機器（iPadなど）を使って　／

インターネット・カフェで　／

その他＿＿＿＿＿＿＿＿＿＿＿＿＿＿＿＿＿＿＿＿＿＿＿＿＿

④あなたは、フェイスブック、ツイッター、リンクトインなどのソーシャル・ネットワークのアカウントをもっていますか？

はい　／　いいえ　／　わからない　／　答えたくない

⑤どのくらいの頻度で、生徒のネットいじめに関する対処をしていますか？

毎日　／　週に2〜3回　／　週に1回　／　月に数回　／　ほとんどない

⑥どのくらいの頻度で、生徒のICT機器の不正使用、乱用に関する対処をしていますか?

　　　毎日　／　週に2〜3回　／　週に1回　／　月に数回　／　ほとんどない

⑦あなた自身、生徒によるネットいじめの被害者になったことはありますか?

　　　はい　／　いいえ　／　わからない　／　答えたくない

⑧あなた自身、他の教職員や保護者によるネットいじめの被害者になったことはありますか?

　　　はい　／　いいえ　／　わからない　／　答えたくない

⑨インターネットやICT機器の安全な使い方について、生徒は学ぶ場をもつべきだと思いますか?

　　　はい　／　いいえ　／　わからない

⑩ネット・セーフティーやネットいじめに関して、保護者には学ぶ場や支援が必要だと思いますか?

　　　はい　／　いいえ　／　わからない

⑪あなたは、ICTやネット・セーフティーに関する学校の規則や方針を理解していますか?

　　　はい　／　いいえ　／　わからない

　　　　　　　　　　　　　　　　　　　ご協力、ありがとうございました。

翻訳者あとがき

　私が住んでいるアメリカ・マサチューセッツ州では、2009年4月、当時11歳だった少年が性的指向を理由とした言葉によるいじめで首つり自殺をした。その翌年1月には、当時15歳の女子生徒が、3か月にわたって直接の言葉やフェイスブックを通して繰り返された脅迫やいじめを苦に自らの命を絶った。これらの一連の悲しい事件を受けて、2010年4月、マサチューセッツ州議会でいじめ防止法が満場一致で可決し、翌月から施行された。その後マサチューセッツ州内のすべての学校に対して、いじめを防止するための方針を立て、児童、生徒の年齢に応じた指導を行うことが義務づけられた。

　いじめに対して弱い立場になりがちな障害のある児童、生徒に対しても、わかりやすいレベルで「自己擁護」のための指導を行い、IEP (Individualized Education Program: 個別教育プログラム)にそのことを明記することが定められている。マサチューセッツ州のこのいじめ防止法は、全米の中で最も包括的であると言われている。

　私の職場であるボストン東スクールは、自閉症スペクトラム障害の児童や生徒(以下、生徒)のためのインターナショナル・スクールである。「スペクトラム(連続体)」という言葉の通り、生徒の認知、機能レベルはさまざまであるが、全員が上記のIEPをもち、そこに書かれた学習の目標に向かって、教師とともに日々努力をしている。

　自閉症スペクトラム障害の人は、物ごとの黒でも白でもないグレーの部分、つまり曖昧な状況を「うまく汲んで」理解する力、また「こういうことを行ったら、こういう結果が待っている」といった「物ごとの前後関係」を判断する力に欠けていることが多い。

　ある生徒の事例を紹介する。その生徒は現在16歳で言葉を話し、人の言うことのある程度を理解し、音楽の能力にも長けている、とても穏やかな青年なのだが、親がクレジットカードを使って買い物をしているのを見て、カードの番号を暗記し、オンラインで勝手に莫大な量の買い物をするくせがついてしまった。

　また、ある卒業生は、フェイスブックに何百人という「友だち」がいるが、実際に近しい友だち、過去に習った先生、同級生の親、よく行くお店のレジ係、などといったさまざまなカテゴリーによって、関わり方に違いがあることを理解していなかった。

　私たちはこの二人に障害があることを知っているが、その向こう側にいる人たち、つまりオンライン・ストアやフェイスブック上だけでつながっている人たちには、

そのことを知る由もない。

当校の生徒の約3分の2は寮生で、親との定期的なコミュニケーションを大切にしている。その方法も、ついこの前までは電話が主であったが、最近はEメール、スカイプといったデジタル通信機器を通した方法が増えている。また、言葉を話さない生徒にとっては、コミュニケーションを図るために、手話や絵カードといった昔からの方法に加え、近年、iPadなどのタブレット端末を使った方法が増えてきている。

自閉症スペクトラムなどの発達障害があっても、また取扱説明書がなくても、就学年齢にも満たない子どもがタブレット端末を自分でオンにし、アプリケーションを開いて、サクサクと操作しているようすを見るにつけ、デジタル通信機器というものが、幅広い層の人たちの生活に完全に浸透しつつあるのだと感じる。

私ごとで恐縮だが、今年80歳になった父も、数年前まではタブレット端末など一切必要ないと言いきっていた。ある日、私の使わなくなった古いタブレット端末とポケットWiFiを実家に持って行き、簡単な説明をしてそれらを置いてきた。それでもしばらく「要らない、使わない！」と言い張っていたが、いつの間にか虜になっていて、今や「これなしでは生活できない！」とまで言うようになり、時々、入ってくるひ孫の写真とビデオにくぎづけで、株式のオンライン・トレードまで始めるようになった。ちなみに、父は会社にいた頃も定年後もパソコンには触れたことがなく、パソコンの「パ」の字もできない部類である。

これらの話はすべて私の周りで起きていることだが、テレビやインターネットでニュースを見ても、新しいデバイスの情報、デバイスの使用状況に関する調査結果、そしてネットいじめに関する事件、論評、調査結果などが絶え間なく紹介されている。

今年1月から10月初旬の間、日本のオンライン・ニュースを読んだ時にこの手の情報を見つけたら、すべてメモを取るようにした。その結果、軽く50以上の情報が集まった。毎日欠かさず日本のニュースに目を通しているわけではなく、また見ているサイトも「お気に入り」に入っているいくつかの新聞が中心なので、これはほんの一部と言える。この事実からも、現在の私たちの生活は、デジタル通信機器なしでは語れないと言っても過言ではないような気がする。

昨年春、この本の原著である「E-Safety for the i-Generation（i世代のためのEセーフティー）」を初めて手にした時、まずこのタイトルが斬新に感じられた。Eセーフティーの「E」はElectronic Media（電子媒体）からきており、Eセーフティーには「インターネットや、デジタル通信機器、または、それを通して人と関わることから子どもたちを守る」といった意味がある。i世代の「i」はInternet（インターネット）を意味する。この2つの単語はなかなか目を引くものであったが、日本の読者に

わかりやすい翻訳本にしたいという思いから、本書名には用いず、日本でよりなじみのある言葉に置き換えた。

　さて原著のページをめくっていくと、（発行時点での）最新の情報、子どもたちをオンラインでの危険から守るためのさまざまなアイデアに加え、それを実践するための多くのワークシート、さらには学校関係者が効果的な方針をつくる上での注意事項やサンプルが紹介されており、この実用性に感心した。

　デジタル通信機器が普及すればするほど、また、その使用者の年齢層が広がれば広がるほど、より細かいガイダンスが必要になってくる。年齢が上の人たちは、大人としての常識がある程度備わっていたり、慣れない機器を操ることへの緊張から一つひとつの動作が慎重になったりすることが考えられるが、幼い子どもはまだ人生における経験が浅いことに加え、「怖いものなし」といった要素もあるために、十分に「教え育てる」過程が必要になる。

　日本には「道徳教育」というすばらしい訓育の場がある。現在の風潮、ニーズを鑑みて、ぜひ、子どもがまだ小さい時（せめて、小学校の低学年から）、人との関わり方、デジタル通信機器のかしこい使い方を年齢相応な言葉と教材を使って教えてほしいと願う。その教育の積み重ねがあれば、「バイト先の冷蔵庫に入ってふざけて遊んでいる写真をオンラインに投稿したら、とんでもない事態が待っていることを、大学生になって初めて知る」などということはなくなるであろう。

　本書に紹介されているワークシートは、子どもの年齢、認知能力に合わせて、微調整が可能である。いわゆる「アスペルガー症候群」と呼ばれる高機能の自閉症スペクトラムの人たちにも使えそうな教材がいくつかある。

　このような背景から、私の専門分野ではないが、この本を日本のみなさまにぜひ、ご紹介したいと思い翻訳、そしてネットいじめなどの問題に熱心に取り組んでおられる甲子園大学の金綱知征准教授のお力を借りながら出版に至った。お忙しい中、細部にわたって原稿をチェックし適切なアドバイスをくださった金綱先生、そして、この本の価値を理解し出版を引き受けてくださったクリエイツかもがわの田島英二さんに心よりお礼を申し上げます。

2014年12月

森　由美子

著者プロフィール

ニッキー・ジャイアント（Nikki Giant）

　英国を基盤とする社会的事業、Full Circle Education Solutionsの設立者、代表者で、現在の学校教育における児童・生徒の社会的、情緒的なニーズをよりよくかなえるための取り組みを行っている。いじめ対策を立案したり、学校関係者に情報や助言を提供したり、研修を行ったりもしている。米国・インディアナ州在住。

監訳者プロフィール

金綱　知征（かねつな　ともゆき）

　千葉市生まれ。1994年千葉県立土気高等学校卒業。同年渡英。2000年英国ロンドン大学ゴールドスミス校心理学部卒業。2004年同大学院博士後期課程修了。いじめ関連諸問題に対する児童生徒の認識と態度に関する日英比較研究でPh.D［博士号（心理学）］を取得。帰国後、同大学院家庭・学校研究ユニット研究助手などを経て、2008年甲子園大学人文学部助教就任。現在、同大学心理学部准教授。著書、論文に「いじめ問題への対応に関する一考察－道徳教育の視点より－」（2012, 道徳性発達研究）、「Chap. 7: School bullying in Hong Kong, Japan and South Korea（共著）」（2013, Biblioteca Nueva）、「ネットいじめ研究と対策の国際的動向と展望（共著）」（2013, ＜教育と社会＞研究）など。

翻訳者プロフィール

森　由美子（もり ゆみこ）

　福岡市生まれ。聖心女子大学文学部教育学科（心理学専攻）卒業。2002年米国マサチューセッツ州フィッチバーグ・ステート・カレッジ大学院にてカウンセリング心理学の修士号を取得。卒業後、自閉症児・者を専門に教育するインターナショナル・スクール、ボストン東スクールに勤務。IEP（個別教育プログラム）のコーディネート、異文化交流に関する仕事を経て、現在は同スクールのリサーチ部門に所属。監修・翻訳書にスティーブン・ショア著『壁のむこうへ』（学習研究社）、スティーブン・ショア編著『自閉症スペクトラム 生き方ガイド』（クリエイツかもがわ）、レベッカ・モイズ著『自閉症スペクトラム 学び方ガイド』（同）、牧純麗著『お兄ちゃんは自閉症』（同）、ゲイル・ホーキンズ著『発達障害者の就労支援ハンドブック』（同）。

ネット・セーフティー
スマホ・ネットトラブルから子どもを守る対応法

2015年1月31日　初版発行

　　著　者●©ニッキー・ジャイアント
　　監訳者●金綱知征
　　翻訳者●森由美子

　　発行者●田島英二　taji@creates-k.co.jp
　　発行所●株式会社 クリエイツかもがわ
　　　　　　〒601-8382 京都市南区吉祥院石原上川原町21
　　　　　　電話 075(661)5741　FAX 075(693)6605
　　　　　　http://www.creates-k.co.jp　info@creates-k.co.jp
　　　　　　郵便振替　00990-7-150584

　　イラスト●関 郁子
　　印刷所●新日本プロセス株式会社
　　ISBN978-4-86342-152-3 C0037　printed in japan

■▶ 好評既刊

合理的配慮とICFの活用　インクルーシブ教育実現への射程
西村修一／著

「障害者の権利に関する条約」批准・発効で、学校現場はどうなる！ 学校は障害のある子どもに合理的配慮を提供する義務があり、その否定は差別となる。合理的配慮を見出す有効なアセスメントツールとしてのICFの考え方、具体的方法をチェックリストと実践事例で解説。　1800円

子どもの見方がかわるICF　特別支援教育への活用
西村修一／著

自立活動の指導、個別の教育支援計画の作成、関係機関との連携にICFを活用する。オリジナルのチェックシートにもとづき、子どもの状態や状況をどのように捉え、指導に生かしていくのか、具体的な活用方法を提案する。資料◎試案／ICFをベースにしたチェックリスト【特別支援教育版】　2400円

キーワードブック 特別支援教育の授業づくり
授業創造の基礎知識　　　　　　　　　　渡邉健治・湯浅恭正・清水貞夫／編著

授業づくりの基礎・ポイントが総合的に理解できる──
1項目2ページ見開きでわかりやすい！ 全64項目。授業内容や授業展開の課題、問題点を整理し、特別なニーズのある子どもたちの発達を保障する「授業づくり」が総合的に理解でき、明日からの教育実践に役立つ、教職員、教員をめざす人の必読書、座右の書！　2200円

インクルーシブ教育への提言　特別支援教育の革新
清水貞夫／編著

インクルーシブ教育について、障がい者制度改革推進会議の「意見」、中教審の「特・特委員会報告」は対立している。問題を明らかにし、特別支援教育の「推進」がインクルーシブ教育に至るとする誤りを批判、「真のインクルーシブ教育」実現の考え方、方法を提起。　2000円

特別支援教育からインクルーシブ教育への展望
自治体と歩む障害者福祉の可能性
渡邉健治／編著

障がい者制度改革推進会議の「意見」と中央教育審議会「特別委員会報告」との違い、そのあり方、内容、システムなど、さまざまな課題を大胆に論述、日本にふさわしいインクルーシブ教育実現への問題提起！　東京都内小学校の実践を掲載！　2200円

キャロル・グレイ／著　服巻智子／訳・翻案・解説

発達障害といじめ　"いじめに立ち向かう"10の解決策

●発達障害の子どもたちは、なぜいじめのターゲットになるのか？
いじめの実態と具体的な10の解決策を提示し、日本での実践事例も紹介する画期的な本！　定型発達の子どもたちにも、ともに学び取り組める「いじめ防止プログラム」の実際。　2800円

いじめに立ち向かうワークブック　考え方とどうすべきかを学ぶ
①小学校低学年用／②小学校高学年・中学生以上用
いじめや"いじめかもしれないこと"にあったときに、何を考え、何を言い、何をしたらいいのかについて、ワークブックであらかじめ学習しておくことによって、"いじめに立ち向かえる"ようになる！　各600円

価格は本体で表示。